基礎から学ぼう！スペイン語
中級

Aprendamos los fundamentos del idioma español
― *Curso intermedio* ―

西川 喬

朝日出版社

音声ダウンロード

 音声再生アプリ「リスニング・トレーナー」（無料）

朝日出版社開発のアプリ、「リスニング・トレーナー（リストレ）」を使えば、教科書の音声をスマホ、タブレットに簡単にダウンロードできます。どうぞご活用ください。

まずは「リストレ」アプリをダウンロード

≫ App Store はこちら　　≫ Google Play はこちら

アプリ【リスニング・トレーナー】の使い方

① アプリを開き、「コンテンツを追加」をタップ
② QR コードをカメラで読み込む

③ QR コードが読み取れない場合は、画面上部に 55074 を入力し「Done」をタップします

QR コードは㈱デンソーウェーブの登録商標です

Web ストリーミング音声

https://text.asahipress.com/free/spanish/alfdiecinter/

◆本テキストの音声は CD でのご提供から音声アプリ「リスニング・トレーナー」（無料）とストリーミングでのご提供に変更いたしました。

◆本テキストに CD は付きません。

表紙写真撮影―千本木早苗
装丁・本文イラスト―明昌堂

まえがき

　かつてローマ帝国という広大な国が存在しました。この帝国は地中海の沿岸にある土地を次々に征服してその領土を広げました。「すべての道はローマに通ず」という言葉が残っているように、交通網が整備され、ローマとそれぞれの支配地との間には命令や連絡などが迅速に行われていました。

　帝国におけるこのような交信は一つの共通の言語によってなされていました。それはラテン語です。広い領土でたった一つの言語が、何世紀もの間、使用されていたというのは、言語史からみると驚くべきことです。

　5世紀になると、隆盛を誇ったローマ帝国も、滅亡します。この時、各地で使われていたラテン語は、それぞれ独立した「国」において、独自に発展を遂げることになります。いわば、ラテン語の方言化が起こったのです。これらの言語は、現在のスペイン語、フランス語、イタリア語、ポルトガル語、ルーマニア語などですが、ラテン語から派生した言語グループとして「ロマンス語」と呼ばれています。

　さて、スペイン語は、15世紀に起こったコロンブスのアメリカ到達が象徴するように、中南米に進出していきます。現在ではブラジルを除く中南米19ヵ国の公用語となっています。

　ヨーロッパ諸国との共通性をもちながら、中南米でも使われるスペイン語は、当然のことながら、その背後に多様な文化が存在します。カリブ海からパタゴニアに至る中米と南米には、さまざまな文化を持つ国々があり、ラテンアメリカ的なものとヨーロッパ的なものとの、不思議な対比をこの言葉に見ることができます。

　この本は、初級の文法を終えて次の段階に進む学習者のためのものです。初級ではどちらかというと言葉の仕組みを理解することに重点が置かれていました。そこから一歩進む段階では、言葉をさらに理解すると同時に、こうした文化の理解が不可欠になってきます。学習がさらに進んでいくと、不思議な魅力に富むスペイン語の世界を体験することになるでしょう。

　この本の執筆にあたって、神戸市外国語大学のMontserrat Sanz先生と南山大学のArturo Escandón先生から貴重な助言をいただき、全般にわたっていろいろとご教示をいただきました。ここに深く感謝いたします。

2014年　秋
西川　喬

目　次

Lección 1　マヨール広場：マドリード"最大の"広場 2
　1 直説法現在：規則活用 3
　2 直説法現在：不規則活用（1） 4
　Ejercicios 1 5

Lección 2　サグラダ・ファミリア教会：建設中の世界遺産 6
　1 語幹母音変化動詞：直説法現在 7
　2 直説法未来 8
　Ejercicios 2 9

Lección 3　トレド：夜の散策 10
　1 目的格人称代名詞：直接と間接 11
　2 gustar 型動詞 12
　3 関係代名詞 que 12
　Ejercicios 3 13

Lección 4　セゴビア：歴史の街 14
　1 直説法点過去：規則活用 15
　2 直説法点過去：不規則活用（1） 16
　3 再帰動詞：直説法現在 16
　4 se の受け身：se ＋動詞（3人称） 16
　Ejercicios 4 17

Lección 5　チリ：イースター島のモアイ像 18
　1 直説法点過去：不規則活用（2） 19
　2 過去分詞 20
　3 直説法現在完了 20
　Ejercicios 5 21

| **Lección 6** | アルゼンチン：九千年前の「手の洞窟」 | 22 |

1. 直説法線過去 ... 23
2. 無人称文 ... 24
3. 感嘆文 ... 24

Ejercicios 6 ... 25

| **Lección 7** | ジブラルタル：スペインの中のイギリス領 | 26 |

1. 直説法過去完了 ... 28
2. ser 受動態 ... 28

Ejercicios 7 ... 29

| **Lección 8** | イビサ島：フェニキア人の到来 | 30 |

1. 直説法過去未来 ... 32
2. 不定詞＋目的格人称代名詞 ... 32

Ejercicios 8 ... 33

| **Lección 9** | マドリードからカサブランカ："5 分"で行ける | 34 |

1. 命令法 ... 36
2. 進行形 ... 36

Ejercicios 9 ... 37

| **Lección 10** | ウユニ塩湖：空を映す巨大な鏡 | 38 |

1. 接続法現在：活用（1） ... 40
2. 接続法現在：命令用法 ... 40

Ejercicios 10 ... 41

| **Lección 11** | マチュ・ピチュ：インカの遺跡 | 42 |

1. 接続法現在：活用（2） ... 44

Ejercicios 11 ... 45

Lección 12　イサベルの恋：スペイン王国の誕生 46
　1 接続法現在：名詞節での用法 48
　Ejercicios 12 49

Lección 13　カール 5 世：太陽の沈まない帝国 50
　1 接続法：関係代名詞節における用法 52
　2 現在分詞構文 52
　Ejercicios 13 53

Lección 14　地中海ツアー：カナリア諸島へ 54
　1 接続法現在：副詞節における用法 56
　2 接続法過去 56
　Ejercicios 14 57

Lección 15　国境を越えて飛ぶ蝶 58
　1 接続法過去完了 60
　Ejercicios 15 61

Lección 16　ピカソ：ゲルニカの悲惨 62
　1 非現実的条件文 64
　Ejercicios 16 65

Lección 17　ゴヤ：動乱の時代を生きた画家 66

Lección 18　16 世紀のスペインへ：4 人の少年の長い旅 70

応用練習問題 74
基本語彙 82
動詞の活用表 86

主な登場人物

本書の使い方

1. この教科書は、本文、文法、練習問題の順で構成されています。

2. 巻末には、少しレベルアップした「応用練習問題」があります。時間に余裕があれば、利用してください。

3. 本文は、最初は比較的容易な文で構成され、少しずつレベルアップするように書かれています。順を追って学習してください。

4. 文法は、主要な時制や初級の段階で覚えきれなかった文法項目などを扱っています。学習者のレベルは一様ではありませんので、適宜省略などすることができます。

5. 練習問題は、その課で主に取り上げた文法項目に関連したものです。言葉のレベルアップに役立ちます。

6. この教科書にはCDがついています。よく聴いて耳を慣らして下さい。

基礎から学ぼう！
スペイン語

中 級

マヨール広場：マドリード"最大の"広場
Plaza Mayor : la "mayor" de Madrid

日本の大学でスペイン語を学ぶ **Kaori** は、スペイン語や文化をさらに学ぶためにマドリードに来ました。いろいろな手続きなどが終わり、今日は友人の紹介で知り合ったスペイン人の学生 **Luis** と一緒にマヨール広場に来ました。

* * * * *

Kaori : Estamos ahora en la Plaza Mayor, ¿verdad? Hay mucha gente.

Luis : Sí. En esta plaza siempre hay muchos turistas.

Kaori : ¿Qué es eso? ¿Qué estatua es esa?

Luis : Es una estatua del rey de España, Felipe III. Está aquí porque esta es una plaza hecha por orden del rey.

Kaori : Es una plaza muy amplia. ¿Es la mayor de las plazas de Madrid?

Luis : No sé si es la mayor de Madrid o no. En todas las ciudades hay plazas con este nombre.

Kaori : Aquí hay muchos bares, cafeterías, tiendas.

Luis : Sí. Y bajando esa escalera hay muchos mesones.

Kaori : ¿Mesones? ¿Qué son mesones?

Luis : Son una especie de bares. Pero hay un ambiente especial y se puede disfrutar de tapas, vino y música allí.

Kaori : Vamos a entrar en uno de esos mesones.

Luis : De acuerdo, vamos.

～ ～ ～ ～ ～

Luis : Hola, vino tinto; dos, por favor.

Camarero : Sí, ¿algo más?

Luis : Kaori, ¿tomamos algo?

Kaori : Sí, una ración de tortilla.

Camarero: En seguida, señores.

Kaori: Hay muy buen ambiente aquí. Me gusta mucho este mesón.

Gramática 1

1 直説法現在：規則活用

原形は３種類。全ての活用の基礎になる。直説法現在の規則活用では、原形の母音は活用形の語尾母音と関連している。

-ar 動詞、-er 動詞、-ir 動詞の三種類がある。

hablar（話す）

hablo	hablamos
hablas	habláis
habla	hablan

comer（食べる）

como	comemos
comes	coméis
come	comen

vivir（住む）

vivo	vivimos
vives	vivís
vive	viven

buscar　　　　　comprender　　　　escribir

comprar　　　　leer　　　　　　　　partir

llamar　　　　　vender　　　　　　 subir

用法

1）現在行われている行為や状態を表す。

　　Leticia vive ahora en Valencia.

2）現在の習慣や繰り返し行為を表す。

　　En este supermercado se venden a veces cosas baratas.

3）確実な未来の行為を表す。

　　Mañana parto del aeropuerto de Roma.

2　直説法現在：不規則活用（1）

tener	
tengo	tenemos
tienes	tenéis
tiene	tienen

ir	
voy	vamos
vas	vais
va	van

venir	
vengo	venimos
vienes	venís
viene	vienen

decir	: digo	dices	dice	decimos	decís	dicen
oír	: oigo	oyes	oye	oímos	oís	oyen
conocer	: conozco	conoces	conoce	conocemos	conocéis	conocen
saber	: sé	sabes	sabe	sabemos	sabéis	saben
dar	: doy	das	da	damos	dais	dan
ver	: veo	ves	ve	vemos	veis	ven

Esa secretaria viene siempre a la oficina a las 8 y media.

Mañana vengo aquí en coche.

Tengo 23 años y tengo que buscar trabajo.

Dicen que pronto va a subir el precio de la gasolina.

Conozco a Mónica y sé su dirección de e-mail.

¿Veis aquellas torres en forma de maíz?

　ちょっと ひとこと

スペインのどの町にもマヨール広場と呼ばれる広場があると言われています。日本語に訳すと「最大の広場」となりますが、いつも一番大きいとは限りません。マドリードのマヨール広場はフェリペ3世が1619年に完成させたもので、風格のある広場です。かつては闘牛や王室行事、さらには宗教裁判までここで行われました。4階建ての建物に囲まれていて、1階にはバルやカフェテリアなどが入っています。2階以上のアパートには現在も人が住んでいます。

EJERCICIOS 1

1. ［　］の語に従って、動詞を直説法現在に正しく活用させなさい。

   1) (bailar) _____ en la discoteca el fin de semana. [ellas]
   2) (comprender) _____ bastante bien el portugués. [él]
   3) (subir) _____ la escalera porque no hay ascensor. [yo]
   4) ¿(trabajar) _____ en ese supermercado? [tú]
   5) ¿(leer) _____ el periódico todos los días? [vosotros]

2. ［　］の語に従って、動詞を直説法現在に正しく活用させなさい。

   1) (venir) _____ aquí siempre en metro. [yo]
   2) (ir) _____ de viaje a Francia el mes próximo. [ellos]
   3) (oír) _____ un ruido en la calle. [yo]
   4) Siempre (decir) _____ la verdad. [ella]
   5) (tener) _____ mucha hambre. [los niños]

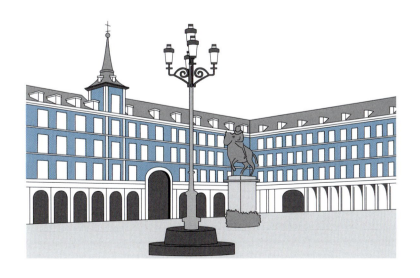

Lección 2

サグラダ・ファミリア教会：建設中の世界遺産

Templo de la Sagrada Familia : patrimonio de la Humanidad en construcción

Kaori は、友人になった Elena と一緒にマドリードからスペインの新幹線 AVE に乗り、バルセロナに来ました。もともと、ガウディに興味があったので、サグラダ・ファミリア教会をぜひ見たかったからです。

* * * * *

Kaori : Da la impresión de que este templo ya está terminado.

Elena : No, todavía no.

Kaori : ¿Por qué tardan tanto en construirlo?

Elena : Por falta de dinero. Se construye por donativos.

Kaori : Y ¿cuándo estará hecho?

Elena : Hay algunos que dicen que estará terminado en 2016, año conmemorativo de los 100 años de la muerte de Antoni Gaudí. Pero también hay otros que dicen que tardarán 100 años más.

Kaori : Aunque está incompleta, hay mucha gente que quiere ver esta obra de Gaudí.

Elena : Sí, como nosotras. Hay muchas partes ya completas y son maravillosas.

Kaori : Es verdad. La fachada del nacimiento es una maravilla.

Elena : Aunque este templo está en construcción, ahora es Patrimonio de la Humanidad.

Kaori : ¿Sabes que un escultor japonés trabaja aquí?

Elena : Sí, es Etsuro Sotoo.

Kaori : Es muy conocido también en España, ¿verdad?

Gramática 2

1 語幹母音変化動詞：直説法現在

1）**e → ie** になる変化

pensar	
pienso	pensamos
piensas	pensáis
piensa	piensan

querer	
quiero	queremos
quieres	queréis
quiere	quieren

sentir	
siento	sentimos
sientes	sentís
siente	sienten

2）**o → ue** になる変化

contar	
cuento	contamos
cuentas	contáis
cuenta	cuentan

poder	
puedo	podemos
puedes	podéis
puede	pueden

dormir	
duermo	dormimos
duermes	dormís
duerme	duermen

3）**e → i** になる変化

pedir : pido pides pide pedimos pedís piden

Yo siempre pienso en ella.

Quiero ir a España este verano, pero de momento no sé si puedo o no.

Lo siento, pero no es culpa mía.

¿Duermes bien normalmente?

2 直説法未来

規則活用

原形の語尾に未来形の活用語尾をつける。不規則形も語尾は同じ。

cantar

cantar**é**	cantar**emos**
cantar**ás**	cantar**éis**
cantar**á**	cantar**án**

beber

beber**é**	beber**emos**
beber**ás**	beber**éis**
beber**á**	beber**án**

subir

subir**é**	subir**emos**
subir**ás**	subir**éis**
subir**á**	subir**án**

不規則活用

1）原形の語尾母音が脱落する。

  poder : podr**é**　podr**ás**　podr**á**　podr**emos**　podr**éis**　podr**án**

   saber : sabr**é**　sabr**ás**...

2）原形の語尾母音が -d- に変わる。

  tener : tendr**é**　tendr**ás**　tendr**á**　tendr**emos**　tendr**éis**　tendr**án**

   venir : vendr**é**　vendr**ás**...

3）完全不規則動詞。

  hacer : har**é**　har**ás**　har**á**　har**emos**　har**éis**　har**án**

  decir : dir**é**　dir**ás**　dir**á**　dir**emos**　dir**éis**　dir**án**

用法

1）現在から見た未来の行為・状態を表す。

  ¿Cuándo estará hecho el nuevo aeropuerto en construcción?

2）現在の事柄の推定を表す。

  ¿En qué parte de Madrid estará esa plaza?

 ちょっと ひとこと

サグラダ・ファミリア教会は、スペインの建築家ビリャールの設計で1882年に建築が始まりました。アントニ・ガウディはその後を引き継いで、建設を続けましたが、1926年に交通事故で亡くなりました。現在も建設中ですが、最近の統計ではこの教会はアルハンブラ宮殿やプラド美術館を抜いて、最も観光客を集めました。なお、ガウディはスペインのカタルニャ生まれなので、今はカタルニャ語で Antoni と表記するほうが一般的です。

EJERCICIOS 2

1. [ ] の語に従って、動詞を直説法現在に正しく活用させなさい。

    1) (querer) _____ ir a España el próximo año. [yo]
    2) (sentir) _____ un dolor en el estómago. [ella]
    3) No (dormir) _____ bien últimamente. [ellos]
    4) ¿(pensar) _____ en un proyecto importante? [tú]
    5) ¿(pedir) _____ paella en este restaurante? [nosotros]

2. [ ] の語に従って、動詞を直説法未来に正しく活用させなさい。

    1) (leer) _____ esa novela esta semana. [yo]
    2) (comprar) _____ ese bolso tan caro. [ella]
    3) (vender) _____ esa moto grande. [nosotros]
    4) ¿A qué hora (venir) _____ a la universidad? [ellos]
    5) ¿Cuándo (ir) _____ de viaje a Buenos Aires? [ellas]

Lección 3 　トレド：夜の散策

Toledo : paseo por la noche

「もしスペインに１日しか居られないなら、迷わずトレドへ行け」という言葉があります。**Kaori** は、ホテルを予約して **Elena** と一緒にこの古都を訪れます。そして、さっそく日が沈んだ旧市街を散策します。

＊　＊　＊　＊　＊

Kaori : Toledo es una ciudad hermosa y hay muchos edificios antiguos.

Elena : Sí, me gusta mucho esta ciudad.

Kaori : Me encanta la catedral de Toledo. Es maravillosa.

Elena : Es muy antigua. Tiene una historia de más de 500 años.

Kaori : ¡Qué historia tan larga!

Elena : Generalmente en Europa las catedrales tardan muchos años, a veces muchos siglos en completarse, y en el caso de la catedral de Toledo, 250 años.

Kaori : Es increíble. Pero, por eso a los españoles no les sorprende que tarden tantos años en construir el templo de la Sagrada Familia, ¿verdad?

Elena : Así es. Por cierto, un paseo nocturno por esta calle es como caminar por una calle de una ciudad de la Edad Media. ¿No te parece?

Kaori : Es verdad. No hay edificios modernos, no hay letreros luminosos.

Elena : No vemos coches, no oímos ruidos de motos.

Kaori : Eso será por casualidad. Creo que normalmente hay muchos vehículos aparcados.

Gramática 3

1 目的格人称代名詞：直接と間接

直接目的格は日本語にすると一般に「〜を」となり、間接目的格は「〜に」となる。
1人称と2人称の単数形・複数形は、直接・間接人称代名詞が同じ形になる。

直接目的格

	単数	複数
1人称	me	nos
2人称	te	os
3人称	lo la	los las

間接目的格

	単数	複数
1人称	me	nos
2人称	te	os
3人称	le	les

1）活用した動詞の前に置く。

Enrique siempre me regala flores en mi cumpleaños.

2）直接目的格の3人称は人にも物にも使える。

¿Conoces a mi amigo Luis? — No, no lo conozco.

¿Ve Ud. aquella iglesia? — Sí, la veo.

3）両方の代名詞が置かれるとき、「間接＋直接」の順番になる。

Son flores muy bonitas. ¿Me las das? — Claro, aquí tienes.

4）両方の代名詞が3人称のとき、le, les は se に変わる。

Se lo entrego. (×Le lo entrego.)

5）スペインでは le, les は、男性を表すときに、直接目的格として使える。

¿Conoces a Juan? — No, no le conozco. (= No, no lo conozco.)

2 gustar 型動詞

文法上の主語が常に動詞の後に置かれます。

1）gustar

文法上の主語が好みの対象を表す。

Me gusta la música.

¿Te gusta viajar?

A Silvia le gustan el cine y el tenis.

2）同類の動詞

Me interesa la historia de Europa.

Nos emocionan mucho las películas japonesas.

A mí me preocupan los exámenes de español.

3 関係代名詞 que

先行詞は「人」でも「もの」でもよい。先行詞は、関係代名詞節にある動詞の主語になるか、または直接目的語になるという「関係」がいつも存在する。前置詞が使われる場合には、関係代名詞と共に用いる。

Ese chico que espera a María aquí se llama Jorge.

El ordenador que tengo es muy rápido.

Esa es la chica de la que José nos habla a veces.

  ちょっと ひとこと

トレドは、ローマ帝国に支配された後、560年に西ゴート王国の首都となりました。やがて、イスラムの支配、レコンキスタによる奪還を経て、マドリードが首都に定められるまで、中断はあったものの首都として千年続きます。余談ですが、初めてトレドを訪れた日本人は、「天正遣欧少年使節団」の4名の少年達です。1582年に長崎を出発し、2年半かけてポルトガルに到着し、リスボンからトレドに来たのです。その後、マドリードとイタリアに向かい、日本に戻ったのは、実に8年後でした。

EJERCICIOS 3

1. 動詞を直説法現在に正しく活用させなさい。
   1) Nos (gustar) _____ la música y el cine.
   2) Me (gustar) _____ hacer compras y viajar.
   3) Te (emocionar) _____ mucho esas películas, ¿verdad?
   4) ¿Te (interesar) _____ la historia de España?
   5) ¿A Emilio no le (preocupar) _____ nada los exámenes?

2. 指示に従って、(　) に適切な目的格人称代名詞を入れなさい。
   1) ¿(私に　　　　) das este libro como regalo?
   2) ¿A qué hora (私たちを　　　　) visitan ellos?
   3) ¿Cuándo (それを　　　　) haces?
   4) Ellos (君たちに　　　　) lo entregan en la oficina.
   5) Yo (彼を　　　　) conozco mucho.

Lección 4

Segovia : ciudad histórica

セゴビアはマドリードから北西に約 90 キロメートルのところにあります。かつての城塞都市で、カスティーリャ王国の中心地でした。ローマ時代の水道橋がそのまま残っていることからもわかるように、古い歴史を持っています。

* * * * *

Kaori : Andando por las calles de la ciudad de Segovia, me da la sensación de que voy paseando en una ciudad de hace varios siglos.

Elena : Es que aquí se conservan muchos monumentos históricos como la catedral, el alcázar, las iglesias.

Kaori : Y no hay que olvidar el acueducto.

Elena : Claro, pero ese acueducto es mucho más antiguo. Es una construcción del tiempo del imperio romano.

Kaori : Es muy grande y tiene una forma original.

Elena : Tiene 28 metros de altura en la parte más alta y más de 700 metros de largo. El acueducto se construyó sin ningún engrudo como cemento.

Kaori : ¿Cómo es posible construir un acueducto tan alto de dos pisos sin cemento?

Elena : Fue posible. Viendo monumentos como este, podemos evaluar lo avanzados que estaban los romanos en la tecnología de ingeniería civil. Los romanos llevaron las piedras allí y lo construyeron hace 2000 años.

Kaori : Por aquí no ocurren desastres naturales como terremotos o inundaciones de ríos, ¿verdad?

Elena : Afortunadamente no. Por eso se conservan muchos edificios antiguos.

Kaori : A mí me gusta el Alcázar. Dicen que es el modelo del castillo que aparece en la película de Walt Disney.

Elena: Así es. Me gusta también la catedral de Segovia. Es de estilo gótico y la llaman "la Dama de las Catedrales" por su elegancia.

Kaori: ¡Qué nombre tan bonito! Por cierto, ahora tengo mucha hambre, vamos a probar ese cochinillo asado tan famoso. Comeremos primero y luego seguiremos viendo esas maravillas.

Gramática 4

1 直説法点過去：規則活用

hablar	
hablé	hablamos
hablaste	hablasteis
habló	hablaron

comer	
comí	comimos
comiste	comisteis
comió	comieron

vivir	
viví	vivimos
viviste	vivisteis
vivió	vivieron

用法

過去の終わった行為・状態を表す。

Eva bailó mucho ayer en la discoteca.

Anoche hablé por teléfono de ese asunto con ella.

2 直説法点過去：不規則活用（1）

1) -uir で終わる不規則活用

   huir : huí huiste huyó huimos huisteis huyeron
   　　　construir

2) estar 型（語幹に -u- が入る）

   estar : estuve estuviste estuvo estuvimos estuvisteis estuvieron
   　　　　tener poder saber

3) ir（ser も同じ活用）

   ir : fui fuiste fue fuimos fuisteis fueron

3 再帰動詞：直説法現在

主語と目的格人称代名詞が同一である場合、この代名詞と動詞を再帰動詞と呼ぶ。代名詞は再帰代名詞と呼ぶ。

levantar**se**

me levanto	**nos** levantamos
te levantas	**os** levantáis
se levanta	**se** levantan

1) 「自分自身を」を表す。

   Ana se mira al espejo antes de salir.

2) 他動詞を自動詞の意味に変える。

   Estos chicos se acuestan muy tarde.

3) 「主語の所有」を表す。

   Yo me lavo las manos antes de comer.

4 se の受け身：se ＋動詞（3人称）

この受け身は事物に限定され、人には使えない。

   Este tipo de móvil se usa mucho ahora.

   Entre los jóvenes se leen las novelas de este autor.

EJERCICIOS 4

1. ［　］の語に従って、動詞を直説法点過去に正しく活用させなさい。

 1）(construir) _____ un edificio muy alto. [ellos]

 2）(ir) _____ a Aranjuez en autobús. [nosotros]

 3）(estar) _____ ayer en un tablao para ver el flamenco. [yo]

 4）¿(salir) _____ de casa muy temprano para ir allí? [tú]

 5）¿(vivir) _____ en Madrid durante 5 años? [Uds.]

2. （　）に適切な再帰代名詞または受け身の se を入れなさい。

 1）(　　　) conocimos en Barcelona.

 2）¿A qué hora (　　　) levantan ellos?

 3）¿Cuándo (　　　) casáis?

 4）Estos libros (　　　) leen mucho entre los jóvenes.

 5）Ella (　　　) mira al espejo.

 ちょっと ひとこと

セゴビアにある「セゴビア城」は、2つの川が合流する岩山の上に、13世紀に築城されました。その優雅な外観からディズニー映画「白雪姫」に出てくる城のモデルになったと言われています。1474年にはイサベル女王の即位式がこの城で行われました。コロンブスを援助したイサベル女王が、もしかしたら、いま自分が歩いている石畳の道を歩いたかもしれないと想像すると、過ぎ去っていった歴史という不思議な時間を感じられるかもしれません。

Lección 5　チリ：イースター島のモアイ像

Chile : Moáis en la isla de Pascua

チリは南アメリカ大陸にある国で、太平洋に面しています。南北の長さは 4300 キロメートルにも渡る細長い国です。北部は砂漠地帯、中部は田園地帯、南部は南極に近い極寒地帯になっていて、多様な自然環境の変化を見ることができます。**Kaori** と **Elena** にとっては初めての南米旅行です。

> Chile es un país muy largo que está en Sudamérica, frente al océano Pacífico. Desde el norte al sur hay 4300 kilómetros. Al oeste se extiende el océano Pacífico y al este está la cordillera de los Andes, que sirve de frontera con Bolivia y Argentina. La isla de Pascua está en el océano Pacífico, a cinco horas en avión desde la capital, Santiago de Chile. En esa isla están los famosos moáis.

Kaori : Al fin hemos llegado a la isla de Pascua. Desde España ha sido un largo viaje.

Elena : Verdad que sí. Hemos tardado más de 5 horas desde Santiago de Chile.

Kaori : Parece que estas figuras tienen más de 10 metros.

Elena : Según esta guía, hay figuras que tienen más de 20 metros.

Kaori : Se ven también algunas más pequeñas.

Elena : La isla de Pascua está a 1900 kilómetros desde la isla más cercana. Es decir, es una isla lejana.

Kaori : Pero, entonces ¿cómo vino la gente? ¿De dónde vinieron los habitantes que hicieron estos moáis?

Elena : Muchos investigadores lo han estudiado y se saben algunas cosas, pero todavía no se tienen respuestas definitivas, según este librito.

Kaori : Y ¿cómo los hicieron?

Elena : Se supone que en una pedrera esculpieron una figura y luego la llevaron al destino actual.

Kaori : ¿Cómo la llevaron?

Elena : Un momento. Aquí está la explicación. Pues, pusieron la obra ya completa sobre una tabla con rodillos y tiraron de ella. La llevaron a base de mucho tiempo y mucha mano de obra.

Kaori : Claro. Supongo que tardaron mucho tiempo.

Elena : Me da la impresión de que estos moáis tienen una expresión algo triste en la cara.

Kaori : ¿Sí? ¿Te parecen tristes? Quizá están tristes porque no te pueden contar las inquietudes que sienten por la noche.

Elena : Te puedes mofar de mí. Me dan pena. ¡No pueden hacer más que mirar al horizonte!

Gramática 5

1 直説法点過去：不規則活用（2）

1）decir 型（語幹が -j- で終わる）

   decir : dije dijiste dijo dijimos dijisteis dijeron

   　　　 producir　traer

2）語幹母音変化動詞

   dormir : dormí dormiste durmió dormimos dormisteis durmieron
   sentir : sentí sentiste sintió sentimos sentisteis sintieron
   pedir : pedí pediste pidió pedimos pedisteis pidieron

   　　　 morir　mentir　servir

2 過去分詞

| hablar → hablado | comer → comido | vivir → vivido |

不規則形

    decir → dicho   escribir → escrito   hacer → hecho

    poner → puesto   ver → visto   volver → vuelto

1）形容詞的用法：名詞の性数に一致する。

    En la mesa hay unos documentos escritos en español y francés.

2）完了形を作る（→ **3** 直説法現在完了）

3 直説法現在完了

「**haber** の現在形＋過去分詞」 過去分詞は性数変化をしない。

comer

he	comido	hemos	comido
has	comido	habéis	comido
ha	comido	han	comido

1）現在における完了を表す。

    El avión ha llegado ahora.

2）現在までの経験・継続を表す。

    Hemos ido una vez a Gibraltar.

    Nuestro jefe ha sido siempre cariñoso con nosotros.

3）現在を含む時の副詞（hoy, esta semana, este mes など）と共に使われる。

    Esta semana he tenido que trabajar hasta muy tarde.

 ちょっと ひとこと

Isla de Pascua は、日本では英語から入ってきた「イースター島」として知られています。この島は 1888 年にチリ領となりましたが、もともと島民からはラパ・ヌイと呼ばれていました。モアイ像は大小さまざまな大きさのものが約 900 体あり、島のあちらこちらに置かれています。南太平洋の孤島にどのように人が渡ったのか、まだ謎に包まれている部分が多いのです。1995 年に世界遺産になりました。

EJERCICIOS 5

1. ［　］の語を主語にして、動詞を直説法点過去に正しく活用させなさい。
    1) (decir) _____ que sí a eso. [ellos]
    2) (traer) _____ un racimo de rosas en mi cumpleaños. [él]
    3) (sentir) _____ alegría al oír esa noticia. [Teresa]
    4) ¿(dormir) _____ bien antes del día de los exámenes? [usted]
    5) ¿(pedir) _____ más pastel? [los niños]

2. ［　］の語を主語にして、動詞を直説法現在完了に正しく活用させなさい。
    1) (llegar) _____ a tiempo. [ellos]
    2) Lo (hacer) _____ con tu colaboración. [nosotros]
    3) No (ver) _____ una cosa tan curiosa. [yo]
    4) ¿Ya (volver) _____ de España? [tu hermano]
    5) ¿(aprender) _____ antes otras lenguas extranjeras? [Uds.]

Lección 6　アルゼンチン：九千年前の「手の洞窟」

Argentina : la cueva de las manos de hace 9000 años

南米アルゼンチンの南部、パタゴニアのサンタ・クルス州にある洞窟に、おおよそ九千年前に描かれた動物の絵やその後に描かれた人間の手形が多数残されています。そのため、この洞窟を「手の洞窟」と呼び、はるか遠い昔に人間が存在していた証として、世界遺産に登録されています。

La cueva de las manos está en el estado de Santa Cruz, Argentina. Esta región se llama Patagonia y tiene un clima duro todo el año. Esta cueva está situada a 160 kilómetros de un pueblo llamado Perito Moreno. En la superficie de la cueva hay pintadas muchas huellas de manos humanas y hay pinturas murales de algunos animales como guanacos. Se dice que el ser humano nacido en el sur del continente africano se trasladó hacia el norte, y luego un grupo avanzó hacia Europa y el otro, hacia Asia. Este continuó caminando hacia el este, y a través del estrecho de Bering pasó al continente americano del Norte. Estos hombres siguieron bajando en busca de alimentos en el continente hacia el sur y se supone que llegaron hasta el extremo sur del continente americano. Hace 9000 años algunos grupos humanos habitaban Patagonia y crearon las pinturas murales que hay en la cueva.

Kaori : Hay muchas huellas de manos humanas. No sé cómo expresar mi impresión.

Elena : En esta guía se explica así: "estas huellas de manos datan del siglo VI a. C. Las figuras de animales son de hace 9000 años."

Kaori : Impresiona pensar que estas tierras ya estaban habitadas hace miles de años y que los que vivían en ellas dejaron las huellas de sus manos. Esta zona siempre ha estado habitada, pero ¿por qué dejaron aquellos humanos primitivos tantas huellas?

Elena : En este librito se explican también las razones. Se supone que los niños lo hacían como un rito de iniciación a la edad adulta porque creían que la cueva era un lugar sagrado.

Kaori : ¡Rito de iniciación! Es un concepto difícil de entender. Pero, visto así, sí que es verdad que el tamaño de las manos es relativamente pequeño, ¿verdad?

Elena : Parece que sí. Como dices, la cueva de las manos es misteriosa pero un poco macabra.

Gramática 6

1 直説法線過去

hablar

hablaba	hablábamos
hablabas	hablabais
hablaba	hablaban

comer

comía	comíamos
comías	comíais
comía	comían

vivir

vivía	vivíamos
vivías	vivíais
vivía	vivían

不規則形（3語のみ）

ser : era　eras　era　éramos　erais　eran

ir : iba　ibas　iba　íbamos　ibais　iban

ver : veía　veías　veía　veíamos　veíais　veían

用法

1）過去のある時点における継続中の行為・状態を表す。

　Cuando estalló la guerra, estábamos en Madrid.

2）過去の反復的・習慣的行為を表す。

　Yo jugaba mucho al fútbol con mis amigos cuando era niño.

3）主動詞が過去のとき、同時的行為を時制の一致として表す。

　Felipe me dijo que trabajaba en una oficina.

2 無人称文

主語が不明・不定である場合や一般に誰にでも通用する場合に用いる。

1) se ＋ 3 人称単数形

Se dice que el precio de la gasolina va a subir dentro de poco.

Se come bien en ese restaurante.

2) 主語代名詞を使わない 3 人称複数形

Dicen que Rosa va a casarse en otoño.

Ahora ponen una película española en ese cine.

3 感嘆文

形容詞、副詞、名詞の前に qué を置き、感嘆詞「¡ !」をつける。
名詞に形容詞をつけるときは、名詞の後に tan または más を置く。

¡Qué bueno está este jamón!

¡Qué rápido corre este tren!

¡Qué paisaje tan hermoso!

 ちょっと ひとこと

「手の洞窟」は、el río Pintura（ピントゥーラ川）渓谷にあります。入り口の幅は 15 メートル、高さは 10 メートルですが、奥行きは 20 メートルほどでそれほど大きなものではありません。絵具には鉱物が使われていて、それを吹き付けたパイプも発見されています。これらの手形は、先住民族のテウェルチェ族の祖先が描いたものだと考えられています。

EJERCICIOS 6

1. [　]の語を主語にして、動詞を直説法線過去に正しく活用させなさい。

   1) No (estudiar) _____ mucho cuando era estudiante. [yo]
   2) (leer) _____ libros en la juventud. [nosotros]
   3) (vivir) _____ en Barcelona cuando nací. [mis padres]
   4) ¿(ir) _____ a la oficina cuando vio a Jesús? [usted]
   5) ¿Qué (hacer) _____ cuando te llamé? [tú]

2. (　)の動詞を直説法線過去か点過去か、正しく活用させなさい。

   1) Yo (comprar) _____ cosas siempre en este supermercado.
   2) Las últimas clases (terminar) _____ la semana pasada.
   3) Miguel (vivir) _____ en Tokio diez años.
   4) Patricia (vivir) _____ en Viena cuando nació su hija.
   5) ¿Pablo (saber) _____ esa noticia ayer? [Ud.]

Cueva de las manos

Lección 7　ジブラルタル：スペインの中のイギリス領

Gibraltar : territorio inglés dentro de España

ジブラルタル海峡は地中海と大西洋を結ぶ出入り口なので、軍事的な拠点として、あるいは海上交通の要として重要な役割を果たしてきました。ジブラルタルはこの海峡を望む港町ですが、イベリア半島の南東に位置するにもかかわらず、現在この地はイギリス領になっています。町に入ると、英語が話されています。

El estrecho de Gibraltar está entre la Península Ibérica y África. Hay que pasar este estrecho para entrar en el mar Mediterráneo o para salir de él y dirigirse hacia el océano Atlántico. Así el puerto de Gibraltar ha ocupado y sigue ocupando un importante puesto militar y de tránsito marítimo. Ahora es territorio inglés y allí se habla la lengua inglesa. A pesar de estar situado en la Península, ¿por qué Gibraltar pertenece a Inglaterra?

✳ ✳ ✳ ✳ ✳

Profesor : Buenos días. Hoy aprenderemos algo sobre la historia de Gibraltar. ¿Sabéis algo de este tema?

Kaori : Sí, profesor. Yo sé que antes este lugar era territorio español y el gobierno español exigió y sigue exigiendo a los ingleses la devolución a España. Muchas veces ha habido conflictos entre los dos países, ¿verdad?

Profesor : Así es. Tú, ¿cómo te llamas?

Kaori : Me llamo Kaori. Soy japonesa y tengo mucho interés en la historia de España. Así que, ¿podría explicar el proceso histórico? ¿Cuándo y por qué Gibraltar pasó a ser territorio inglés?

Profesor : Muy bien, Kaori. Te lo explicaré. También a los otros alumnos os explicaré este proceso del que no sabéis mucho. Pues, históricamente, cuando la Península Ibérica era del imperio romano, por supuesto esta zona era territorio romano. Luego, cuando llegaron los visigodos, era parte de su reino. Cayó este reino visigodo por causa de la invasión árabe y Gibraltar pasó a ser parte de Al-Ándalus, territorio árabe. Pero empezó la

Reconquista y cuando terminó después de largo tiempo, Gibraltar pertenecía al reino de Castilla.

Kaori : Eso ocurrió en 1492, ¿verdad?

Profesor : Exactamente. Y luego, en 1701 empezó la Guerra de Sucesión porque el año anterior murió el rey español Carlos II sin tener hijos y el rey francés Luis XIV puso a su nieto Felipe V como rey español. Los ingleses, holandeses y austríacos se opusieron a eso y estalló la guerra entre ellos y los ejércitos aliados de España y Francia. Finalmente, estos dos países fueron vencidos. En 1713, con el tratado de Utrecht, España tuvo que entregar Gibraltar a Inglaterra a cambio del reconocimiento de Felipe V como rey español. Hoy en día Gran Bretaña insiste en la vigencia de este Tratado y no acepta la exigencia de la devolución a España por parte del gobierno español.

Kaori : Eso no lo entiendo bien. Debido a ese tratado tan antiguo existe una colonia dentro de Europa, ¿verdad? Es algo imperdonable.

Profesor : Bueno, las cuestiones territoriales siempre son muy delicadas. Marruecos exige lo mismo a España sobre Ceuta y Melilla, que son territorios españoles en ese país africano.

Gramática 7

1 直説法過去完了

「haber の線過去＋過去分詞」　過去分詞は性数変化をしない。

cantar

había cantado	habíamos cantado
habías cantado	habíais cantado
había cantado	habían cantado

用法
過去のある時点よりすでに終了した行為・状態を表す。

　　Cuando llegué a clase, el examen ya había empezado.

　　Antonio me dijo que había ido a Viena dos veces.

2 ser 受動態

「ser ＋過去分詞」で使われる。行為者は「por ＋人」で表される。主として文語として用いられ、会話では使われない。

　　Ese ladrón fue detenido por la policía.

　　El proyecto ha sido aprobado por el director de la oficina.

 ちょっと ひとこと

現在ジブラルタルの住民は、3万人ほどです。イギリス系27％、スペイン系24％、イタリア系19％などとなっています。元からここに住んでいるものの子孫たちは「ジブラルタル人」としてイギリスの市民権を持っています。ほとんどの住民は英語とスペイン語を母語とするバイリンガルです。スペイン本土からは毎日1万人ほどが通勤しています。

EJERCICIOS 7

1. 動詞を直説法過去完了に正しく活用させなさい。
    1) Ya (salir) _____ el tren cuando llegué a la estación.
    2) Me dijo que ya (leer) _____ esa novela.
    3) Nos preguntaron si (vivir) _____ en Madrid.
    4) ¿Ya (empezar) _____ la fiesta cuando llegaste allí?
    5) ¿Me dijiste que ellos ya (volver) _____ a su país?

2. 動詞を点過去で ser 受動態にしなさい。
    1) El acuerdo (firmar) _____ por los dos embajadores.
    2) Los documentos (entregar) _____ en la oficina.
    3) Esa novela (publicar) _____ en 1980.
    4) Estas iglesias (construir) _____ en el siglo XVII.
    5) Estos instrumentos musicales (fabricar) _____ en Europa.

Lección 8   イビサ島：フェニキア人の到来

Isla de Ibiza : llegada de los fenicios

バレアレス諸島は、バルセロナから飛行機で1時間ほどの地中海にあります。マヨルカ島、メノルカ島、イビサ島などからなっています。特にイビサ島は、現在ヨーロッパの有数な観光地として有名で、とくに若者たちのディスコ・ミュージックの中心地として名をはせました。しかし、この島は古くから地中海交易の中継地として重要な役割を果たしてきたのです。

> Ibiza es una isla situada en el mar Mediterráneo. Esta isla, Mallorca, Menorca y otros islotes forman las Islas Baleares. Actualmente es muy famosa por la belleza de sus playas y la calidad de sus aguas, así como por sus discotecas y fiestas, que atraen a muchos turistas. Históricamente esta isla, por su ubicación geográfica, fue un enclave comercial en el Mediterráneo.

✲　✲　✲　✲　✲

Luis : Tengo unos amigos japoneses que hablan español muy bien. ¿Han estudiado ya español en su país?

Kaori : Sí, creo que sí. La mayoría de los japoneses que viven ahora en España estudiaban español antes de venir aquí.

Luis : Además algunos saben mucho sobre la historia de España. Por cierto, Kaori, me dijiste que irías a la isla de Ibiza, ¿no? Como no teníamos tiempo entonces, no pude preguntarte la razón. ¿Por qué tienes interés en una isla tan pequeña?

Kaori : Porque he oído que allí hay playas hermosas y discotecas famosas.

Luis : Así es. Pero también es una isla con mucha historia. Por ejemplo, los fenicios visitaron muchas veces esa isla. Son un pueblo que dominaba el comercio del mar Mediterráneo en la Antigüedad.

Kaori : ¿Qué pueblo era ese de los fenicios?

Luis : Los fenicios eran los que vivían en la zona que correspondía a los actuales Siria y Líbano y sabían mucho del arte de navegar. Además, ellos inventaron las letras que luego se convertirían en el alfabeto.

Kaori : Eso no lo sabía. ¿Podrías explicármelo más?

Luis : Sí, con mucho gusto. Alrededor del año 1800 a.C., los fenicios inventaron un sistema de letras que representaba los sonidos hablados. Crearon 22 letras.

Kaori : ¿Era el alfabeto español?

Luis : No, pero se puede decir que fue el origen del alfabeto romano. Luego los griegos adoptaron el sistema fenicio cerca del año 1000 a. C., y lo modificaron añadiendo vocales.

Kaori : Ya entiendo adónde va a parar esa historia. Después, las letras griegas pasaron al Imperio romano, ¿verdad?

Luis : Exactamente. Los romanos tomaron el alfabeto griego, le hicieron cambios adicionales y agregaron algunas letras. Tenían 23 letras.

Kaori : Así que los fenicios tenían una cultura maravillosa relacionada con las letras.

Luis : Los fenicios, que querían dominar el comercio en el mar Mediterráneo, visitaban con frecuencia la isla de Ibiza. Después de varios siglos de su dominio, los fenicios fueron derrotados por el imperio de Asiria y luego fueron conquistados por otras razas y al final perdieron sus fuerzas.

Kaori : La isla de Ibiza fue un verdadero escenario histórico, ¿verdad?

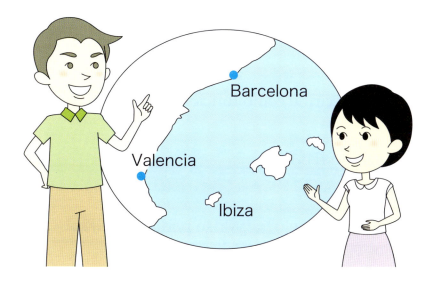

Gramática 8

1 直説法過去未来

1) 規則活用

hablar	comer	vivir
hablar**ía**	comer**ía**	vivir**ía**
hablar**ías**	comer**ías**	vivir**ías**
hablar**ía**	comer**ía**	vivir**ía**
hablar**íamos**	comer**íamos**	vivir**íamos**
hablar**íais**	comer**íais**	vivir**íais**
hablar**ían**	comer**ían**	vivir**ían**

2) 不規則活用（語幹は直説法未来と同じ）

［1］不定詞の語尾の母音が脱落する。

poder : podría podrías podría podríamos podríais podrían
　　　　haber　　querer　　saber

［2］不定詞の語尾の母音が -d- に変わる。

tener : tendría tendrías tendría tendríamos tendríais tendrían
　　　　poner　　salir　　venir

［3］完全不規則動詞

hacer : haría harías haría haríamos haríais harían
decir : diría dirías diría diríamos diríais dirían

3) 用法

［1］過去からみた未来の行為・状態を表す。

Marta me dijo que se casaría en otoño.

［2］過去の出来事の推量を表す。

Se puede pensar que antiguamente la gente sufriría hambre por falta de alimentos.

［3］現在・未来における事柄を婉曲的に表す。

¿Podrías decirme cómo funciona este botón del móvil?

2 不定詞＋目的格人称代名詞

目的格人称代名詞は、不定詞に連ねて書く。ただし、本動詞がある場合には、通常どおりその直前に置くこともできる。

¿Podrías decírmelo? = ¿Me lo podrías decir?

Hemos venido a comunicártelo.

EJERCICIOS 8

1. 動詞を直説法過去未来に正しく活用させなさい。
    1）Pedro me dijo que (comprar) _____ un coche deportivo.
    2）(ser) _____ las once cuando llegaron al hotel.
    3）Ellas nos dijeron que (estar) _____ ausentes de la oficina un rato.
    4）Cristina, ¿(poder) _____ cerrar las ventanas?
    5）¿Ellos te dijeron que (venir) _____ aquí a las 11?

2. [　]の目的格代名詞を不定詞に連ねて書き、全文を完成させなさい。
    1）Tienen que pagar. [nos, las]　→ _____
    2）¿Puedes dar? [me, los]　→ _____
    3）Tengo que entregar. [le, lo]　→ _____
    4）Debo devolver. [le, los]　→ _____
    5）¿Podría Ud. prestar? [me, lo]　→ _____

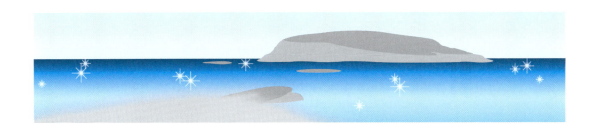

ちょっと ひとこと

フェニキアは現在のシリアにあたる地域の古名です。フェニキア人はエジプトやバビロニアなどの古代国家に影響を受けて文明化し、地中海に進出しました。主に北アフリカ沿岸に沿う形で西に向かって進出し、交易活動を行いました。カルタゴ（現在のチュニジアの首都、チュニスの近くにあった）などの多くの海外植民市を建設して地中海の広い領域に影響を与え、紀元前15世紀から紀元前8世紀ごろに繁栄を極めました。

Lección 9

マドリードからカサブランカ："5分"で行ける
De Madrid a Casablanca : se va en "cinco minutos"

カサブランカは、アフリカのモロッコにある都市です。首都のラバトの南西約90キロメートルに位置し、大西洋に面しています。人口はこの国最大で、モロッコの商業・金融の中心地です。スペインや他のヨーロッパ諸国からも多くの観光客が訪れます。**Casablanca** はスペイン語と同じスペルですが、元はポルトガル語で、この都市を再建したポルトガル人によって命名されました。

> Casablanca es una ciudad que está situada a unos noventa kilómetros de la capital de Marruecos, Rabat. Tiene el mayor número de habitantes, y es el centro comercial y financiero del país. El nombre Casablanca no es español, sino portugués, porque esta ciudad la reconstruyeron los portugueses en el siglo XVI.

* * * * *

Luis : El otro día viajé por Marruecos. Estuve allí una semana.

Kaori : ¡Qué bien! ¡Qué envidia! Yo también tengo muchas ganas de ir a ese país. ¿Cuánto tiempo tardaste en llegar allí?

Luis : Pues, partí de Madrid a las doce en punto y llegué a las doce y cinco.

Kaori : Te equivocas. Llegaste a las dos y cinco, ¿verdad?

Luis : No me he equivocado. Partí del aeropuerto de Madrid a las doce y llegué a Casablanca a las doce y cinco.

Kaori : ¡Cómo es posible ir en cinco minutos a esa ciudad marroquí!

Luis : Pues es verdad. No miento.

Kaori : Estás bromeando. Explícamelo en serio.

Luis : De acuerdo. Te lo explicaré. Salí del aeropuerto de Barajas a las doce, y llegué allí a las doce y cinco, hora local de Marruecos.

Kaori : Ya entiendo. Hay diferencia horaria. ¿Qué hora española era cuando llegaste allí?

Luis : Eran las dos y cinco. Es que hay dos horas de diferencia.

Kaori : Es una sensación extraña. Eso ocurre debido a la diferencia horaria.

Luis : Así que en verano en Marruecos a las siete y media se pone el sol y oscurece.

Kaori : Es igual al horario de Japón. ¡En verano es raro ver ponerse el sol a las diez de la noche como en España!

Luis : No es nada raro. Yo estoy acostumbrado a este horario desde niño, y no lo siento nada extraño.

Kaori : Pues, dime, ¿te gustó ver oscurecer a las siete y media? ¿Te gustó Casablanca en verano?

Luis : Sí, me gustó mucho. Al atardecer sonaba por toda la ciudad la llamada para rezar leyendo el Corán, y lo escuchaba desde la piscina del hotel. Me daba la sensación de que estaba en otro mundo. Fue un ambiente estupendo.

Kaori : Cuanto más cosas me cuentas, más ganas me entran de visitar esa ciudad marroquí.

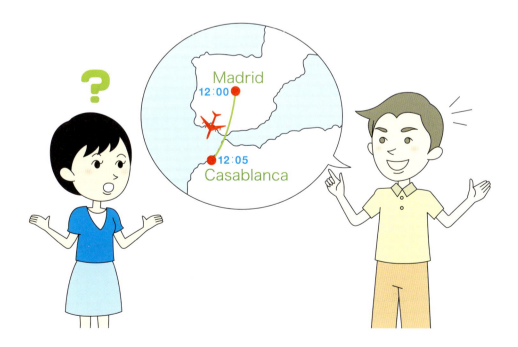

Gramática 9

1 命令法

tú と vosotros に対する肯定命令の形を特に命令法と呼ぶ。弱い代名詞を置くときは、動詞の後ろに連ねる。

1）規則形

　tú の命令法は、直説法現在3人称と同形である。

　vosotros の命令法は、不定詞の語尾の –r を –d に変える。

| habl**a** | habl**ad** | com**e** | com**ed** | viv**e** | viv**id** |

　　Andrés, trabaja un poco más.

　　Niños, comed más.

2）tú に対する不規則な命令法

　　decir : di　　hacer : haz　　ir : ve

　　poner : pon　　salir : sal　　ser : sé

　　tener : ten　　venir : ven

　　Carmen, ven aquí pronto.

　　Dímelo, por favor.

2 進行形

進行形は「estar ＋現在分詞」で作られます。現在進行形は estar を現在形にします。過去進行形は estar を線過去にします。進行中の行為を強調します。

　　Mucha gente está leyendo libros sin hablar en la biblioteca.

　　Estábamos viendo el partido de fútbol cuando vino Alberto.

EJERCICIOS 9

1. 動詞を現在進行形にしなさい。

   1） Esos niños (jugar) _____ mucho en el jardín.

   2） Él (escribir) _____ algo en el papel.

   3） Ahora mis hijos (dormir) _____ en su habitación.

   4） Yo (leer) _____ una novela interesantísima.

   5） Ahora ella (hablar) _____ con otra gente.

2. 動詞を tú に対する命令法に正しく活用させなさい。

   1） Tomás, (venir) _____ mañana a la oficina.

   2） Isabel, (contar, me) _____ lo de ayer.

   3） Juan, (subir) _____ la escalera.

   4） Verónica, (bailar) _____ conmigo.

   5） Manuel, (irse) _____ de aquí pronto.

 ちょっと ひとこと

スペインのマドリードと日本の十和田湖は、ほぼ同じ緯度にあります。ですから、四季と日照時間は、ほぼ日本と同じです。しかしながら、スペインでは大幅な「サマータイム」を導入しているために、夏は日の出が7時頃、日の入りが10時頃になります。モロッコは日本と同じ時間で、スペインとは2時間の時差があります。実は、マドリードからカサブランカまでの正確な飛行時間は1時間55分となっていて、時刻表では、出発時間より5分前に着く予定になっています。しかし、実際には10分ほど遅れて着くことは珍しくはありません。

Lección 10 ウユニ塩湖：空を映す巨大な鏡

El Salar de Uyuni : un espejo enorme donde se refleja el cielo

Kaori は、南米ボリビアのラパスに住んでいる友人 **Josefa** を訪ねます。そして、二人であの有名なウユニ塩湖の見学ツアーに参加します。ウユニ塩湖は、ボリビア南西部にある、塩が積み重なった「湖」で、標高 3700 メートルのところに広がっています。乾季（5月頃〜10月頃）には塩湖はほぼ乾いています。雨季（11月頃〜4月頃）には少し水がたまり、塩湖はほぼ平らなために、まるで鏡のように空を湖面に映し出します。日本では塩湖と呼ばれることが多いのですが、実際は塩原（えんげん）と呼ぶほうが正確です。

El salar de Uyuni está en la parte suroeste de Bolivia. Está situado a 3700 metros sobre el nivel del mar. En la temporada seca casi no hay agua en el salar. En la de lluvias hay un poco de agua en la superficie, y por lo tanto el salar se convierte en un enorme espejo y se refleja el cielo. No se distingue el horizonte y aparece un paisaje maravilloso y extraño porque se ven dos cielos a la vez, un cielo verdadero y el otro reflejado en el salar.

Kaori : ¡Es un paisaje casi increíble! Me da la sensación de que estoy en un país mágico.

Josefa : Es cierto. El salar de Uyuni parece un espejo muy grande.

Kaori : Pero, ¿por qué hay tanta sal acumulada como esta en una altiplanicie de tanta altura?

Josefa : Mira, el guía de nuestro grupo va a explicar justamente lo que querías saber. Escuchemos.

Guía : El salar de Uyuni nació en época muy antigua. Cuando se elevó la cordillera de los Andes, lo hizo con una enorme cantidad de agua del mar y luego se evaporó el agua, quedando mucha cantidad de sal.

Kaori : ¿Eso ocurrió hace muchísimo tiempo?

Guía : Sí, señorita. Fue cuando la Tierra todavía mostraba actividad en la corteza terrestre.

Kaori : Parece que el salar se extiende hasta muy lejos.

Guía : El salar es el lugar más plano del mundo porque la diferencia entre las zonas más altas y más bajas sólo tiene 50 centímetros.

Kaori : ¡Madre mía! Por eso se refleja el cielo de manera tan exacta.

Guía : Miren Uds. aquella isla. Se llama Isla de Pescado.

Josefa : Bueno, se entiende bastante bien el origen del nombre. Tiene forma de pescado.

Guía : Así es. En esa isla hay muchos cactos crecidos.

Josefa : ¿Hay cactos en una isla rodeada de sal? ¿Por qué?

Guía : Bueno, eso no lo sé. Pero es verdad.

Kaori : La gente que vive alrededor del Salar vende la sal, ¿verdad?

Guía : Sí, vive de vender la sal. Y recientemente se ha encontrado que en el Salar se produce litio, el que se usa para las pilas.

Kaori : Entonces el salar puede ser un tesoro además de un espejo.

Guía : Señoritas, escuchen lo que yo digo, por favor. Hagan preguntas después de terminar mis explicaciones.

Gramática 10

1 接続法現在：活用（1）

1）規則活用

hablar

habl**e**	habl**emos**
habl**es**	habl**éis**
habl**e**	habl**en**

comer

com**a**	com**amos**
com**as**	com**áis**
com**a**	com**an**

vivir

viv**a**	viv**amos**
viv**as**	viv**áis**
viv**a**	viv**an**

2）語幹母音変化動詞

-ar 動詞と -er 動詞は、直説法現在と同じ母音変化をする。

pensar：p**ie**nse　p**ie**nses　p**ie**nse　pensemos　penséis　p**ie**nsen

poder：p**ue**da　p**ue**das　p**ue**da　podamos　podáis　p**ue**dan

-ir 動詞は、さらに１人称・２人称複数で：e → i, o → u

sentir

s**ie**nta	s**i**ntamos
s**ie**ntas	s**i**ntáis
s**ie**nta	s**ie**ntan

dormir

d**ue**rma	d**u**rmamos
d**ue**rmas	d**u**rmáis
d**ue**rma	d**ue**rman

pedir

p**i**da	p**i**damos
p**i**das	p**i**dáis
p**i**da	p**i**dan

cf. jugar: j**ue**gue　j**ue**gues　j**ue**gue　juguemos　juguéis　j**ue**guen

2 接続法現在：命令用法

1）usted, ustedes に対する肯定命令に用いられる。nosotros では勧誘を表す。

Hable Ud. con el jefe mañana.

Trabajen Uds. un poco más.

Piense Ud. en este problema.

2）全ての人称について否定命令に用いられる。

No bebas cerveza ahora.

No cierre Ud. las ventanas, por favor.

EJERCICIOS 10

1. ［　］の語を主語にして、動詞を接続法現在に正しく活用させなさい。

   1）(hablar) _____ en español, por favor. [Ud.]
   2）(limpiar) _____ la habitación hoy. [Uds.]
   3）(cantar) _____ una canción latinoamericana. [nosotros]
   4）(devolver) _____ los libros de la biblioteca pronto. [Ud.]
   5）(sacar) _____ dinero de este cajero automático. [nosotros]

2. 直説法現在の動詞を接続法現在に変えなさい。

   1）Duerme _____ bien esta noche.
   2）Pide _____ un café con leche.
   3）Volvemos _____ a casa en taxi.
   4）Jugamos _____ al golf todos los domingos.
   5）Piensan _____ más en ese problema.

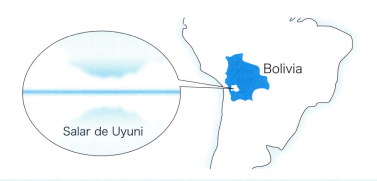

Salar de Uyuni / Bolivia

🅔 ちょっと ひとこと

ウユニ塩湖は、南北約100km、東西約250kmに広がっていて、その面積は約１万平方キロメートルもある巨大な塩の塊だと言えます。この塩原は、季節によってその表情を変えます。乾季には水がまったくないために見渡す限りの銀世界となり、寒冷な気候でもあるので、あたかも広大な雪原にいるかのような錯覚にとらえられます。雨季は水が少し表面にたまるために、湖全体が巨大な鏡のように、その日の空模様を映し出します。

Lección 11 マチュ・ピチュ：インカの遺跡

Machu Picchu : ruinas de los incas

Kaori と **Josefa** は、ペルーのマチュ・ピチュを訪ねます。マチュ・ピチュはかつて栄華を極めたインカ帝国の遺跡です。2200 メートル以上の山の斜面に作られた都市ですが、何のために、どのようにして、そのような高い山の斜面に石の建造物や耕地が作られたのでしょうか。15 世紀のインカ帝国の遺跡であることはわかっているのですが、それ以上は諸説はあるものの、いまだにはっきりと解明されていません。このインカの「失われた都市」は、山すそからは見えないために、「空中都市」とか「空中の楼閣」などと言われています。

En el mes de julio de 1911 un explorador norteamericano, Hiram Bingham, descubrió unas ruinas en la cumbre de una alta montaña de Perú. Eran las ruinas de una ciudad del tiempo del imperio incaico. Según investigaciones posteriores, se piensa que eran los palacios de los nobles y un lugar para rezar sus oraciones al dios sol que en aquel entonces adoraban los incas. Permanece allí el templo santuario cuya pared oriental tiene dos ventanas. Cuando los rayos del sol entran por la ventana de la izquierda, es el solsticio de invierno. Cuando entran por la de la derecha, es el de verano. De manera que los incas tenían un calendario solar exacto.

* * * * *

Kaori : En Latinoamérica existen muchas cosas llenas de enigmas.

Josefa : Verdad que sí. No entiendo por qué construyeron edificios en una parte tan alta de la montaña.

Kaori : Dicen que este lugar es para rezar y para observar el movimiento del sol. A veces los nobles venían de veraneo a esta montaña.

Josefa : ¿De veras? Y ¿por qué existe esa tierra cultivada?

Kaori : Bueno, normalmente cultivan la tierra para obtener cosechas.

Josefa : Pero quizá puede haber alguna razón especial. Vamos a preguntar esto al guía.
Hola, Ud. es guía de Machu Picchu, ¿verdad?

Guía : Sí, lo soy. ¿Quiere preguntarme algo?

Josefa : Sí, quiero que me explique Ud. para qué existe esa tierra cultivada. Son como grandes escalones. ¿Verdaderamente la gente cultivaba algo?

Guía : Sí, la gente labraba la tierra para obtener la cosecha, pero principalmente esos productos agrícolas son para ofrecérselos al dios sol. Los alimentos que comían ellos mismos los llevaban desde otros lugares.

Kaori : Pero, ¿por qué ofrecían el producto de esta tierra al dios?

Guía : Porque pensaban que el producto agrícola que conseguían en la tierra más cercana al sol era sagrado. Así que se puede decir que Machu Picchu era una ciudad religiosa.

Josefa : Una pregunta más. Estos edificios están hechos de piedras, pequeñas y grandes. ¿Cómo llevaron unas piedras tan grandes por la vertiente empinada?

Guía : Bueno, a esa pregunta no puedo contestar. Dudo que haya alguien que sepa la respuesta. Algunas piedras pesan cinco o diez toneladas.

Josefa : Son piedras muy grandes. Hay cosas que ni siquiera saben los guías.

Kaori : Ya te lo he dicho. En este continente existen muchas cosas misteriosas.

Gramática 11

1 接続法現在：活用（2）

1）直説法現在1人称を基にする動詞

tener (tengo): tenga tengas tenga tengamos tengáis tengan
　　　　　　　　hacer decir oír salir venir

ofrecer : ofrezca ofrezcas ofrezca ofrezcamos ofrezcáis ofrezcan
　　　　　　conocer

ver (veo) : vea veas vea veamos veáis vean

2）完全不規則動詞

ser :	sea	seas	sea	seamos	seáis	sean
estar :	esté	estés	esté	estemos	estéis	estén
ir :	vaya	vayas	vaya	vayamos	vayáis	vayan
saber :	sepa	sepas	sepa	sepamos	sepáis	sepan

 ちょっと ひとこと

マチュ・ピチュの建設に使った巨岩をどのように運び上げたのか、長い間、謎とされてきました。最近になって、これらの石は運び上げられたのではなく、さらに上から運んできたと考えられています。事実、さらに標高の高いところに石切り場が発見され、切り出しに使ったと推測される硬い石でできた石器も発見されています。

EJERCICIOS 11

1. ［　］の語を主語にして、動詞を接続法現在に正しく活用させなさい。
    1) (hacer) _____ esa pregunta en la ventanilla B. [Ud.]
    2) (salir) _____ de este hotel a las 9. [nosotros]
    3) (ir) _____ en AVE a Barcelona. [Uds.]
    4) (saber) _____ que he estado llamándolo. [Ud.]
    5) (ver) _____ este paisaje, que es muy bonito. [Uds.]

2. ［　］の語を主語にして、否定命令文を作りなさい。
    1) No (ir) _____ tan lejos. [tú]
    2) No (decir) _____ mentiras. [vosotros]
    3) No (tener) _____ cosas ilegales en su casa. [Ud.]
    4) No (ver) _____ la televisión esta noche y estudia. [tú]
    5) No (hacer) _____ tonterías. [Uds.]

Lección 12　イサベルの恋：スペイン王国の誕生

Amor de Isabel : nacimiento del reino de España

王女イサベルは、カスティーリャ＝レオン王国の王フアン2世の長女として生まれました。イサベルが3才の時に父王が亡くなり、後を継いだ異母兄のエンリケ4世により母親らとともに追放され、不遇な少女時代を送りました。兄王からポルトガル王との結婚を迫られると、自ら逃亡し、まだ会ったことのないアラゴン王国の王子フェルナンドの求婚を受け入れます。カスティーリャ王国が同盟するのは、ポルトガルではなくアラゴンだと判断したからです。フェルナンド王子はイサベルが身を隠したバリャドリードに駆けつけ、その4日後に二人は結婚します。イサベルが18才、フェルナンドが17才の時でした。その後、それぞれの国の女王と王になり、スペイン王国が誕生するのです。

Isabel era la hija mayor del rey Juan II del reino de Castilla y León. Cuando murió su padre, le sucedió su hermanastro Enrique IV. Este rey mandó a Isabel que se casara con el Rey de Portugal Alfonso V, un hombre que era 20 años mayor que ella, porque Enrique IV pensaba en una alianza con Portugal. Pero Isabel lo rechazó porque ya le había pedido la mano el príncipe Fernando del reino de Aragón y creyó que era mucho mejor la fusión de Castilla y Aragón. Enrique IV se enfadó y la encerró en un palacio de Ocaña cerca de Toledo, pero Isabel se escapó de allí con unos pocos acompañantes y se dirigió a Valladolid, donde se encontró por primera vez con Fernando. Cuatro días después se casaron, y así en poco tiempo lograron unificar sus reinos y nació una nación poderosa, España.

❋ ❋ ❋ ❋ ❋

Kaori : ¡Qué romántico el amor de Isabel! Es imposible que una muchacha de 18 años se case con un hombre 20 años mayor que ella.

Luis : Te refieres a Isabel de Castilla y el rey Alfonso V de Portugal, ¿verdad? Parece que te emocionó mucho ese libro de Isabel la Católica que tienes en la mano.

Kaori : Este libro lo leíste tú también, ¿no? Es tan interesante que lo leí de un tirón.

Luis : Claro que lo leí. En aquel entonces, el matrimonio entre los príncipes y nobles era un asunto político.

Kaori : Sí, lo sé. En cualquier país pasaba lo mismo. Pero en el caso de Isabel ella eligió a Fernando por propia voluntad y amor. Es maravilloso.

Luis : Bueno, se cuentan muchas cosas sobre el amor de Isabel: cuando Isabel estaba en Valladolid y vio a Fernando que había acudido desde Aragón, disfrazado de paisano con unos escuderos disfrazados de la misma manera, lo identificó en seguida diciendo, "¡Ese es, ese es!" Pero yo no me lo creo. Es una leyenda creada posteriormente.

Kaori : Tú no eres nada romántico.

Luis : Bueno, el curso de la historia a veces cambia con un pequeño incidente. Isabel iba a casarse con otro hombre cuando tenía 16 años, por deseo de su hermanastro, el rey. Claro que el rey tenía razones políticas.

Kaori : Eso no lo sabía. ¿Y qué le pasó? Quiero que me lo expliques más.

Luis : Pues, afortunadamente para ella, a quien no le gustaba nada ese matrimonio, y desafortunadamente para Pedro Jirón, que deseaba casarse con Isabel, éste murió en el camino a Madrid donde se preparaba la boda para los dos.

Kaori : Ella tuvo mucha suerte, porque el príncipe Fernando era joven y guapo. Isabel se enamoró de él.

Luis : Isabel también calculó el interés de su reino pensando desde el punto de vista político: que sería más poderoso el reino de Castilla con la alianza con Aragón.

Kaori : Luis, tú no entiendes nada el amor. ¿Por qué no piensas que el amor de una joven princesa era puro?

Luis : Bueno, bueno, es verdad que el amor de Isabel era fuerte y lo era también el de Fernando.

Kaori : Así se puede decir que España nació del amor de Isabel.

Gramática 12

1 接続法現在：名詞節での用法

接続法は、主動詞が願望・疑惑・感情・価値判断などを表すとき、従属節の中で使われる。この従属節は que で導かれ、名詞節となる。この場合、主動詞の主語と名詞節の主語は異なる。同じ主語なら不定詞が用いられる。

1）主動詞が願望（命令、依頼、許可、禁止などを含む）を表す。

　　Quiero que me cuentes lo que ocurrió ayer.

　　Le pido que me devuelva el dinero prestado.

　　cf. Quiero contar lo de ayer.

2）主動詞が疑惑・否定を表す。

　　Dudo que Rafael venga a la fiesta de esta noche.

　　El profesor no cree que eso sea verdad.

3）主動詞が感情を表す。

　　Ella se alegra mucho de que yo esté mejor.

　　Siento mucho que Rosa no pueda ir con nosotros.

4）主動詞が価値判断（可能性・必要性など）を表す。

　　Es posible que lo terminen para mañana.

　　Es necesario que descanses un poco.

EJERCICIOS 12

1. [　]の語を主語にして、動詞を接続法現在に正しく活用させなさい。

   1) Quiero que (ver) _____ muchas partes de España. [tú]

   2) Mis padres desean que (estudiar) _____ más. [yo]

   3) Duda que lo (hacer) _____. [ellos]

   4) Es necesario que (decir) _____ la verdad. [vosotros]

   5) ¿Te alegras tanto de que (estar) _____ mejor? [ella]

2. （　）の動詞を直説法現在か接続法現在か、正しく活用させなさい。

   1) Me alegro mucho de que tu madre (estar) _____ mejor.

   2) Es mejor que Uds. (ir) _____ a la fiesta de esta noche.

   3) Estoy seguro de que ellos (llegar) _____ aquí a tiempo.

   4) Quiero que tú (venir) _____ aquí pronto.

   5) Creo que ella (saber) _____ ya de ese asunto.

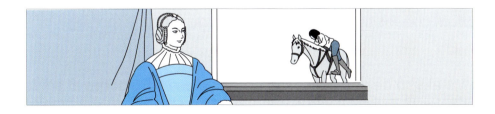

 ちょっと ひとこと

イサベル女王とフェルナンド王の結婚で成立したカスティーリャ＝アラゴン王国は、歴史的にあまり例のない共同統治という支配形態を取っています。平等の立場であるはずの両国でしたが、使用言語としては早くからカスティーリャ語が公用語として力を持っていました。このことが象徴するように、次第にカスティーリャがスペイン王国の中核となっていったのです。

Lección 13　カール５世：太陽の沈まない帝国

Carlos V : el Imperio donde no se pone el sol

カールは、ネーデルラント（オランダ）の領主フィリップ美公とカスティーリャ女王フアナとの間に生まれました。父方の祖父は、神聖ローマ帝国皇帝マクシミリアン１世であったため、この帝国を受け継ぎました。母方の祖母はカスティーリャ王国の女王イサベル１世であったことから、母親のフアナがカスティーリャ王国の女王となり、結局息子のカールがこの王国を受け継いだのです。同じ人物ですが、スペイン国王としてはカルロス１世、神聖ローマ帝国の皇帝としてはカール５世と呼びます。当時スペインは中南米を領土としていたので、オーストリアから中南米までの「太陽の沈まない帝国」を支配することになったのです。カール５世の母語はフランス語とドイツ語なので、スペイン王としてスペインに来た時には、この言葉を全く話せませんでした。しかし、やがてスペイン語を習得すると、スペイン語こそが「神と話す言葉だ」と述べたと伝えられています。

Carlos nació en el año 1500 en Flandes, actual Bélgica. Su padre era Felipe el Hermoso cuyo padre era Maximiliano I, emperador del Sacro Imperio Romano Germánico. Su madre era Juana, hija de Isabel I, reina de Castilla. Fue rey de España en 1517, y así por parte de su madre obtuvo el reino de Castilla y otros territorios españoles como América. Luego, en 1530, consiguió el puesto de Emperador del Imperio. Este rey se llama Carlos I de España y V de Alemania. Toda su vida se la pasó acudiendo a guerras: guerra de Italia, rebelión de los Comuneros en España, guerras con el rey francés, Francisco I, etc. Sus lenguas maternas eran el francés y el alemán, pero además hablaba varios idiomas. Hay una frase muy conocida que se dice que dijo Carlos V: Hablo el español con Dios, el italiano con las mujeres, el francés con los hombres y el alemán con mi caballo.

＊　＊　＊　＊　＊

Kaori : Me alegro de que me hayas prestado ese libro sobre el emperador Carlos V. Era fácil y lo entendí bastante bien.

Luis : Me pareció que tenías mucho interés en la Reina Isabel de Castilla. Así que creí que te interesaría también la historia de su nieto.

Kaori : ¿Es un hecho histórico que su madre Juana, o sea, la hija de la Reina Isabel, estaba loca?

Luis : Bueno, de hecho no se sabe la verdad. Unos dicen que su locura era genética y otros sostienen que le armaron una artimaña para quitarle el poder de reina y la encerraron como a una loca. Hay otros que dicen que Juana estaba loca porque quería demasiado a su esposo Felipe, pero él le era infiel, la traicionaba, amaba a otras mujeres.

Kaori : Pasó una vida infeliz. Por eso la llaman Juana la Loca. ¿Era normal poner un sobrenombre a los reyes?

Luis : Sí, en aquel entonces la gente les ponía a los reyes algún sobrenombre.

Kaori : Su esposo se llamaba Felipe el Hermoso. ¿Era verdaderamente guapo?

Luis : Pues, quedan algunos cuadros suyos. Míralos tú y piensa si es guapo o no. Yo creo que le va bien ese sobrenombre.

Kaori : Ese rey, Carlos I de España y V de Alemania hizo una España poderosa, ¿verdad?

Luis : Sí. Después de la muerte de Carlos, su hijo Felipe II heredó todo el territorio de España y fue muy activo en el continente americano.

Kaori : Así se formó el Imperio Español.

Luis : Así es. Se puede decir que en el siglo XVI el Imperio Español llegó a la cumbre de su esplendor.

Kaori : Y luego los ingleses echaron a España de la cumbre con el vencimiento de la Armada Invencible española que ocurrió en 1588.

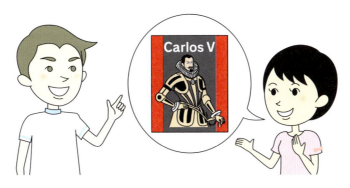

Luis : Bueno, en aquel entones Gran Bretaña...

Kaori : Además yo sé algo sobre el nombre de Armada Invencible. No lo pusieron los españoles sino los ingleses después de esa batalla naval. ¿Es cierto?

Luis : Pues, no sé. Pero, ¿por qué lo hicieron los ingleses?

Kaori : ¿No lo sabías? Quizá los ingleses querían estar más orgullosos de haber vencido a la armada "invencible".

Luis : Pues, no conozco bien esos detalles triviales. Es una historia muy antigua.

Gramática 13

1 接続法：関係代名詞節における用法

先行詞が不特定であるか、否定の意味を持っている。

Buscamos una secretaria que hable español.

No hay mal que por bien no venga.

2 現在分詞構文

主文に対して、現在分詞が時、理由、仮定、譲歩などを表す。

Siendo niños, ellos perdieron a su madre.

Yendo en avión, llegaremos a esa ciudad en una hora.

ちょっと ひとこと

カール5世は、ドイツ語のKarlに由来する名前です。カルロス1世はスペイン語のCarlosからの言葉です。日本語では、ドイツの王の名はドイツ語の読み方を使い、スペインの王はスペイン語の読み方を使います。スペイン語ではどちらもCarlosになりますが、これは西ヨーロッパの言語には文化の共通性あるため、名前も「翻訳」できるからです。

EJERCICIOS 13

1. （　）の動詞を接続法現在か直説法現在か、正しく活用させなさい。

   1) Buscan a la secretaria que (trabajar) _____ en esta sección.
   2) Buscan una secretaria que (trabajar) _____ en esta sección.
   3) No tengo amigos que (entender) _____ el idioma árabe.
   4) Algún día quiero comprar una casa que (tener) _____ un patio.
   5) En este grupo hay unas personas que (ir) _____ a España.

2. 動詞を適切な現在分詞にしなさい。

   1) (ser) _____ muy joven, ella sufrió una enfermedad grave.
   2) (sentirlo) _____ mucho, tengo que dejarte.
   3) (vivir) _____ muy cerca de la universidad, podrás llegar a tiempo a clase siempre.
   4) (pensar) _____ bien de esto, no cambiaré de mi opinión.
   5) (pasear) _____ en una avenida, vi un accidente de tráfico.

Lección 14　地中海ツアー：カナリア諸島へ

Viaje en grupo en el Mar Mediterráneo : a las Canarias

インターネットで検索していると、**Kaori** はバルセロナから出発してカナリア諸島に行く地中海ツアーを見つけました。通常の旅行代理店で申し込むより安くチケットを購入できます。バルセロナを出ると、船は地中海をスペイン沿岸にそって進み、そしてジブラルタル海峡を通ります。大西洋に出ると、モロッコのカサブランカに寄港して、カナリア諸島に行くのです。

Hay muchos viajes organizados en grupo para ir a las ciudades españolas, italianas y africanas que están en el litoral del mar Mediterráneo y el océano Atlántico. Pueden apuntarse directamente en una agencia de viajes o se puede hacer por Internet, lo que resulta más barato. Como Kaori quería pasar por el estrecho de Gibraltar, se apuntó a uno de esos viajes. El barco salió del puerto de Barcelona, avanzando a lo largo de la costa española, y al pasar por el Estrecho vio la costa africana y la española. Le impresionó ver "las columnas de Hércules", sobre las que Kaori aprendió en clase de historia cuando era alumna del Bachillerato.

✳　✳　✳　✳　✳

Kaori : El otro día fui a Barcelona.

Luis　: ¿Te gustó esa ciudad? ¿Viste el templo de la Sagrada Familia?

Kaori : Sí, un poco. Mi propósito no ha sido ver Barcelona sino gozar del viaje en barco para ir a las islas Canarias.

Luis　: Yo nunca había pensado en viajar en barco para ir a las islas Canarias. ¿Por qué no fuiste en avión? Es más rápido y cómodo.

Kaori : Es que, primero, quería experimentar un viaje en barco en el mar Mediterráneo y segundo, quería pasar por el estrecho de Gibraltar para ver las columnas de Hércules. Pues, este nombre lo aprendí en clase de historia y tenía muchas ganas de verlas.

Luis　: Tú siempre estás haciendo algo. ¿Te gustó el viaje en barco?

Kaori : Sí, mucho. He oído que la parte del norte de las columnas de Hércules es el Peñón de Gibraltar, pero la del sur no se ha identificado todavía. ¿Sabes algo de esto?

Luis : Bueno, yo no lo sé bien, pero esa historia es del origen mitológico. Se dice en el mito que Hércules tenía que llegar hasta algún rey inmediatamente. Así, pensó hacer un atajo y partió una montaña en dos para pasar al Océano Atlántico.

Kaori : De esa forma entre el mar Mediterráneo y el Atlántico se creó un paso, que era el estrecho de Gibraltar, según el mito.

Luis : Así es. Pero antiguamente la gente tenía miedo de que el Estrecho fuera la entrada al infierno.

Kaori : ¿Por qué?

Luis : Pues, en aquel entonces, antes de que llegara Colón a América, los marineros creían que era "non plus ultra".

Kaori : ¿Qué significa eso?

Luis : Es una frase en latín, que quiere decir "nada más allá", es decir, no hay nada más allá del Estrecho.

Kaori : Y después, aparecieron algunos hombres que tenían ideas nuevas. Deseaban que hubiera algo más allá del horizonte.

Luis : Sí, como Colón. Por cierto, ¿qué tal te ha ido en las Islas Canarias.

Kaori : Es un buen lugar. Me gustó.

Luis : Parece que el propósito de tu viaje no es ir a las Islas Canarias sino ver un poco de los dos continentes, ¿no?

Gramática 14

1 接続法現在：副詞節における用法

時を表す場合、接続法では未来の事柄に限定される。直説法を使うと、習慣的な事柄が表される。譲歩を表す場合、接続法では仮定的な事柄に限定される。直説法を使うと事実の事柄に関する譲歩が表される。

Cuando vaya de Madrid a Segovia, utilizaré el tren.

Cuando voy de Madrid a Toledo, utilizo el autobús.

Aunque sea barato, no quiero comprar un coche como ese.

Aunque es barato, no quiero comprar un coche como ese.

2 接続法過去

直説法点過去3人称複数形から末尾の -ron を取り除き、次の語尾をつける。この活用では発音上のアクセントの位置は同一である。

-ra 形：-ra　　-ras　　-ra　　-ramos　　-rais　　-ran

-se 形：-se　　-ses　　-se　　-semos　　-seis　　-sen

hablar (habla-**ron**)

ra 形

habla**ra**	hablá**ramos**
habla**ras**	habla**rais**
habla**ra**	habla**ran**

se 形

habla**se**	hablá**semos**
habla**ses**	habla**seis**
habla**se**	habla**sen**

comer : comie**ra** comie**ras** comie**ra** comié**ramos** comie**rais** comie**ran**
　　　　comie**se** comie**ses** comie**se** comié**semos** comie**seis** comie**sen**

vivir 　: vivie**ra** vivie**ras** vivie**ra** vivié**ramos** vivie**rais** vivie**ran**
　　　　vivie**se** vivie**ses** vivie**se** vivié**semos** vivie**seis** vivie**sen**

用法

主節が過去のとき、従属節中の動詞も過去の時制になる。

El profesor nos dijo que leyéramos ese libro.

Me alegré mucho de que estuviese mejor.

EJERCICIOS 14

1. （　）の動詞を接続法現在か直説法現在か、正しく活用させなさい。

　　1）Cuando (viajar) _____ por España, llevaré esta maleta.

　　2）Aunque (llover) _____, llevaremos a cabo el plan.

　　3）Cuando (ir) _____ a la oficina, siempre utilizamos el metro.

　　4）Aunque no (haber) _____ clases hoy, voy a ir a la universidad.

　　5）Cuando (venir) _____ por aquí, llámame, por favor.

2. ［　］の語を主語にして、動詞を接続法過去に正しく活用させなさい。

　　1）Me pidieron que les (ayudar) _____ en los negocios. [yo]

　　2）No creía que (venir) _____ a la fiesta. [ellos]

　　3）Ella se alegró mucho de que (estar) _____ muy bien. [él]

　　4）Era necesario que (hablar) _____ con ellos. [nosotros]

　　5）Ellos me dijeron que (ir) _____ a la oficina [yo]

 ちょっと ひとこと

「ヘラクレスの柱」は、ジブラルタル海峡にある岬につけられた古代の地名です。ヘラクレスはギリシア神話に出てくる英雄のことです。彼は進む先にある邪魔になる山を二つに切り裂いてその間を進んだという話から、ジブラルタル海峡を見下ろすそれぞれの山を「ヘラクレスの柱」と呼ぶようになったのです。2本の柱は、セビリア市の紋章などのように、現在でもいろいろなデザインに使われています。

Lección 15　国境を越えて飛ぶ蝶

Mariposas que cruzan la frontera volando

春は自然のあらゆる草花が目をさまします。生き物にも新しい生命が誕生します。メキシコの森の中では蝶の大群が羽化します。この蝶は成長すると一斉に北を目指して飛び立ちます。行先はカナダ。しかし、この蝶の寿命は一か月ほどですから、途中で死に絶えてしまいます。しかし、死ぬ前にある植物に産卵します。卵はやがて幼虫になり、それからさなぎになって羽化し、蝶となります。そして、あたかも親の意思を受け継いだかのように、この蝶は北に向かって飛び立つのです。不思議はここで終わりません。この2代目の蝶もまた卵を残して、死に絶えます。そして生まれてきた3代目の蝶はさらに北へと向かい、カナダの森に到着するのです。3代かけて飛んだ距離は、おおよそ3000キロメートル。この蝶の名はオオカバマダラ、モナルカ蝶とも呼ばれます。長い間、謎の蝶と考えられてきました。

En primavera nacen y crecen todos los animales y plantas. En esta época nace una cantidad numerosa de mariposas en algunos bosques de México. Cuando crezcan bastante, irán volando al norte hacia Canadá. Pero como la vida de estas mariposas solo dura un mes más o menos, en el camino mueren todas, dejando sus huevitos en las hojas de alguna planta. En poco tiempo estos huevitos se transforman en larvas y luego en crisálidas, que se convierten en mariposas. Estas se dirigen volando otra vez hacia Canadá. Pero antes de llegar a su destino, estas también mueren dejando sus huevitos. Después de repetirse lo mismo, las mariposas de la tercera generación llegan por fin a Canadá. Durante mucho tiempo no se sabía por qué las mariposas podían dirigirse al norte y se ha considerado que eran mariposas enigmáticas: se llaman mariposas monarca. Son hermosas y elegantes.

Luis : Hola, Kaori, ¿qué tal?

Kaori : Muy bien, gracias. Y ¿tú? ¿Qué hay de nuevo?

Luis : Pues, hace unos días escuché una conferencia interesante de un investigador mexicano.

Kaori : ¿Sobre qué tema?

Luis : Habló sobre mariposas que vuelan pasando por la frontera con Estados Unidos y Canadá. Van volando desde México, pero como la vida de estas mariposas es corta, tardan tres generaciones en llegar a su destino.

Kaori : ¡Qué cosa más rara! ¿Cómo saben sus hijos que van al norte?

Luis : Según el investigador, la segunda generación y la tercera van al norte porque van buscando hojas de alguna planta que les sirve de alimento. Las zonas en donde crece esa planta se mueven al norte a medida que avanzan las estaciones.

Kaori : Eso lo explica todo. ¿Cuánta distancia vuelan en total?

Luis : Vuelan 3000 kilómetros en tres generaciones para llegar a Canadá. Parten de México en primavera y vuelven en otoño volando de nuevo 3000 kilómetros. Así en total vuelan 6000 kilómetros.

Kaori : ¡Madre mía! Y a la vuelta hacen lo mismo, ¿verdad?

Luis : No. Cuando vuelven, una sola generación va de un tirón volando desde Canadá y llega a México.

Kaori : Pero ¿por qué a la vuelta nacen mariposas tan fuertes como para poder volar por un camino tan largo?

Luis : Bueno, el conferenciante decía que a esa pregunta todavía no hay respuesta.

Kaori : Es un misterio de la naturaleza.

Luis : ¿Sabes que en México se celebra el día de los muertos en noviembre?

Kaori : Sí, son el día 1 y 2 de ese mes.

Luis : Pues, esos días coinciden con la llegada de las mariposas monarca, que así se llaman, y la gente de la época antigua creía que eran las almas de sus antepasados que regresaban en forma de mariposa.

Kaori : Las almas de los difuntos vuelan en el cielo el día de los muertos transformadas en mariposas: yo creo que aún hoy es aceptable esa imagen.

Luis : Hay alguna gente que se lo cree: la muerte no es el fin sino el comienzo de un renacimiento que se repite eternamente.

Kaori : También es aceptable esa idea: la muerte produce una nueva vida.

Luis : Especialmente en el estado de Michoacán hay bosques donde hay cantidades ingentes de mariposas y la Unesco declaró su hábitat como patrimonio de la Humanidad en 2008.

Gramática 15

1 接続法過去完了

「haber の接続法過去＋過去分詞」　過去分詞は性数変化をしない。

comer

hubiera comido	**hubiéramos** comido
hubieras comido	**hubierais** comido
hubiera comido	**hubieran** comido

ra 形も se 形も使われる。

| hubiese comido | hubieses comido | hubiese comido |
| hubiésemos comido | hubieseis comido | hubiesen comido |

用法

1）接続法が用いられる構文で、過去完了として用いられる。

No creía que ellos ya hubieran terminado ese trabajo.

2）非現実的条件文の条件節に使われる。

　　→　Gramática 16 を参照

EJERCICIOS 15

1. ［　］の語に従って、動詞を接続法過去完了に正しく活用させなさい。

　　1）estudiar _____　　[yo]　ra 形

　　2）leer _____　　[nosotros]　se 形

　　3）vivir _____　　[mis padres]　ra 形

　　4）salir _____　　[tú]　se 形

　　5）trabajar _____　　[nosotros]　ra 形

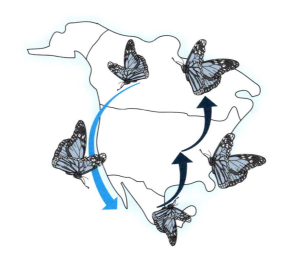

ちょっと ひとこと

モナルカ蝶の幼虫が食料とする植物とは、トウワタです。この植物は比較的寒さに弱いため、夏が北に移っていく北アメリカではこの植物の生育地帯も北に移動していきます。モナルカ蝶はこの葉を求めて、北に飛んでいくのです。また、この蝶が長い距離を飛ぶことができるのは、あまり羽ばたかずに気流に乗っていくことができるからです。

Lección 16　ピカソ：ゲルニカの悲惨

Picasso : miseria en Guernica

ゲルニカは、スペインのバスク州にある小都市です。古い伝統があるものの、あまり名も知られなかったこの都市が世界中に知れ渡ったのは、1937年4月26日のことです。スペインは当時、共和国政府軍とフランコ将軍率いる反乱軍が争う内戦になっていました。共和国軍の支配下にあったバスクをフランコ軍は攻略しようとしていました。フランコ将軍を支援していたナチスドイツは、この都市が共和国軍の補給路になっているなどの理由で、無警告の無差別爆撃を行いました。武器を持たない市民を無差別に殺傷する都市攻撃は、人類の歴史上これが始まりだと言われています。この爆撃の知らせは世界中に非難を巻き起こしますが、パリにいたピカソは、激しい怒りと抗議をこめて一枚の絵を描き上げました。これが『ゲルニカ』だったのです。

Guernica es una pequeña ciudad que está situada a 20 kilómetros de Bilbao. En la guerra civil española que duró de 1936 a 1939, la ciudad estaba bajo el dominio del gobierno republicano. La Alemania nazi, que apoyaba militarmente al general Franco, bombardeó indiscriminadamente esa ciudad durante 3 horas utilizando las fuerzas aéreas por orden de Hitler: destruyeron muchos edificios y mataron a mucha gente. Este fue el primer bombardeo en la historia de los humanos en una ciudad donde vivían ciudadanos que no tenían armas. Esta noticia causó reproches fuertes en todo el mundo. Picasso, que estaba en París, se indignó y pintó "Guernica" en un mes en señal de protesta contra esa acción tan cruel.

* * * * *

Kaori : Ayer fui al Museo Nacional Centro de Arte Reina Sofía y vi el famoso cuadro de Picasso.

Luis : Y ¿qué impresión tuviste al ver el "Guernica"?

Kaori : Me emocionó mucho. Según la guía Picasso pintó ese cuadro en un tiempo muy breve.

Luis : Sí. Con ese cuadro expresó una indignación muy fuerte contra el bombardeo de Guernica.

Kaori : ¿Por qué lo hicieron?

Luis : Porque en la guerra civil española Franco y Hitler pensaron que esa ciudad se utilizaba para pasar suministros a los de la República. Así los bombarderos alemanes dejaron caer muchas bombas para destruirlo todo en esa ciudad.

Kaori : ¡Qué horror!

Luis : Picasso, al enterarse en París, pintó ese cuadro dejándose llevar por la ira y presentó la obra a la Exposición Mundial que se celebraba entonces en la capital de Francia.

Kaori : Y luego ¿se conservó el cuadro en París?

Luis : No, no se conservó allí, porque más tarde Francia fue ocupada por las tropas alemanas.

Kaori : Sí, así fue. Entonces, ¿adónde se trasladó el "Guernica"?

Luis : Lo llevaron a Londres y a algunas otras ciudades y al final a Nueva York en 1939. Ese año terminó la guerra civil con la victoria de Franco.

Kaori : Y empezó la dictadura de Franco en España.

Luis : Así es. El cuadro permaneció en el Museo Moderno de Nueva York. Más tarde el gobierno español de Franco exigió a Estados Unidos que lo devolvieran a España, pero Picasso se opuso diciendo que el "Guernica" nunca volvería a España hasta que volviese la libertad a su patria.

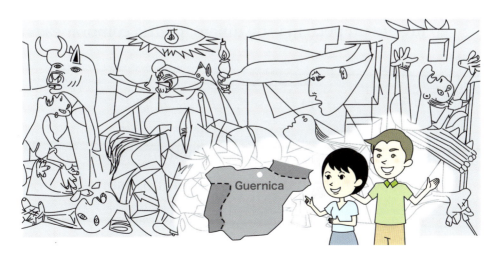

Kaori : Si España fuese un país dictatorial aún ahora, no podríamos ver ese cuadro aquí.

Luis : Claro que no. El dictador Franco murió en 1975, dando paso a la España democrática. Después de varias negociaciones, el "Guernica" volvió a España en 1981.

Kaori : Picasso dio permiso, ¿verdad?

Luis : Pues, no. No pudo hacerlo porque murió antes. Picasso siempre decía que no volvería a España mientras viviese Franco, pero murió 2 años antes que Franco.

Kaori : Se puede decir que es una ironía del destino.

Gramática 16

1 非現実的条件文

条件節には事実と反対の事柄や実現がとても難しい条件が示される。

1) 現在の事実に反する事柄などを仮定する場合

　条件節には接続法過去 -ra 形も -se 形も使うことができる。

条件節	帰結節
si ＋接続法過去，	直説法過去未来

　Si yo tuviera un poco más de dinero, podría comprar ese coche.

2) 過去の事実に反する事柄を仮定する場合

　条件節には接続法過去完了 -ra 形も -se 形も使うことができる。

条件節	帰結節
si ＋接続法過去完了，	直説法過去未来完了

　Si yo hubiese tenido un poco más de tiempo, habría ido a España.

EJERCICIOS 16

1. （ ）の動詞を接続法過去または接続法過去完了にして非現実的条件文を完成させなさい。

   1) Si me (tocar) _____ la lotería, iría de viaje a todo el mundo.
   2) Si no (ir) _____ a la fiesta ese día, no habría visto a Eva.
   3) Si te (dar) _____ prisa, podrías llegar a tiempo.
   4) Si ella no (estar) _____ enferma, habría ido con nosotros.
   5) Si yo (ser) _____ piloto de avión, podría ver muchas partes del mundo.

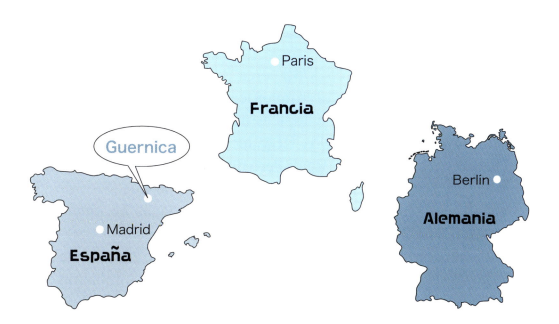

ちょっと ひとこと

ピカソ（Pablo Ruiz Picasso）は1881年スペインのマラガに生まれました。幼い時からその天才ぶりが示されていました。14才でバルセロナの美術学校に入学しましたが、1ケ月の期間が与えられていた入学制作画を1日で完成させました。1936年制作の『ゲルニカ』には、泣き叫ぶ母親、天に救いを求める人、いななく馬などがモノトーンで描かれ、爆撃の悲惨さを訴えています。1940年にパリがナチスドイツに占領された後も、ピカソはそこにとどまりました。占領軍のドイツ将校から「ゲルニカを描いたのはお前か」と尋問されて、「いや、それはあなたたちだ」と答えたという話しが伝えられています。

Lección 17　ゴヤ：動乱の時代を生きた画家

Goya : pintor que vivió en una época de agitación

フランシスコ・デ・ゴヤは、1746年スペインのサラゴサの近郊で生まれました。スペインを代表するロマン主義の画家です。早くから絵画の修業を始め、24才の時にローマに出て、フレスコ画などの技法を学びました。帰国してから王立タペストリー工場で10年ほど働きました。やがて、いろいろな作品の功績が認められ、40才で国王カルロス3世の、3年後には新王カルロス4世の宮廷画家になります。しかし、順風満帆にみえた彼の人生にひどい不幸が襲います。重篤な病に侵され、耳がまったく聞こえなくなったのです。しかし、失意のゴヤはやがて立ち直り、最高傑作といわれるいくつかの作品を完成させていきます。『カルロス4世の家族』、『着衣のマハ』、『裸のマハ』などは、聴力を失ってから描かれたものです。1807年フランス軍がスペインに侵攻します。この動乱の時期に描かれたのが、『マドリード、1808年5月3日』です。ゴヤは晩年自宅の壁に14枚の『黒い絵』を描き始めます。その後、当時のスペインの自由主義弾圧を受けて、フランスに亡命し、1828年ボルドーで波乱に満ちた生涯を閉じます。

Francisco de Goya nació en 1746 cerca de Zaragoza. Es uno de los pintores que representan el romanticismo español. Después de trabajar en la Real Fábrica de Tapices durante 10 años, fue pintor de cámara del rey español Carlos III y luego de Carlos IV y todo le marchaba bien en el Palacio Real. Pero de repente cayó una desgracia sobre Goya. Debido a una enfermedad terrible se quedó sordo. Se desesperó, pero luego se recuperó, le entraron ganas de pintar otra vez y siguió produciendo unas obras que dicen que son maestras: "Familia de Carlos IV", "Maja vestida", "Maja desnuda", etc. En 1807 las tropas francesas invadieron España y la dominaron por orden de Napoleón. Empezó la resistencia del pueblo español pero lo reprimieron terriblemente. Goya pintó en un cuadro "Madrid, 3 de mayo de 1808" a los ciudadanos que se sublevaron contra los invasores y que luego fueron fusilados por los soldados franceses. En su vejez Goya dejó 14 cuadros pintados en las paredes de su casa. Se llaman "cuadros negros". Dicen que en ellos se expresan todos los elementos negativos que los humanos tienen escondidos dentro. Goya, exiliado en Francia debido a la represión frente al liberalismo en España, murió en el país vecino.

* * * * *

Kaori : A mí me gusta Goya, pero no me gustan las pinturas negras.

Luis : ¿Por qué no te gustan?

Kaori : Porque son macabras. No entiendo por qué pintó Goya un cuadro como "Saturno devorando a un hijo".

Luis : El motivo de este cuadro está basado en la mitología romana: Saturno que temía la profecía de que lo iban a matar sus hijos, va devorando a sus 5 hijos.

Kaori : ¿Qué quiso expresar Goya con este cuadro tan inquietante?

Luis : Bueno, no lo sé bien. Es cierto que esa pintura hace sentir a los que la ven unas emociones como inquietud, repugnancia, a veces miedo.

Kaori : Así es. Hay otros cuadros horrorosos en las pinturas negras.

Luis : En fin yo creo que Goya quería pintar la verdad del ser humano. Los hombres buscan amor, justicia, sinceridad, esperanza, o sea, valores positivos, pero por otro lado los mismos hombres matan a los inocentes en las guerras, roban y engañan a otros por dinero: son valores negativos que tienen.

Kaori : Puede ser. Pero yo siempre quiero ver los aspectos positivos de la gente.

Luis : Muy bien, no me opongo a tu idea.

Kaori : Supongo que Goya era infeliz cuando pintó esos cuadros.

Luis : Bueno, al menos no se podrá decir que fuera muy feliz, porque estaba sordo, solitario, y lleno de inquietudes debido a la represión.

Kaori : En la vejez pasó una vida solitaria pintando esos cuadros, ¿verdad?

Luis : Creo que sí. Al pintarlos Goya no les puso título y más tarde, después de su muerte, se lo pusieron.

Kaori : Eso ayuda a identificar cada uno de ellos y a venderlos.

Luis : Así es. Un banquero belga, que compró la casa de Goya, quería vender las pinturas negras en 1837, pero no se vendió ni un cuadro porque eran macabros.

Kaori : Y ¿qué pasó luego?

Luis : Pues el banquero donó los cuadros al Museo del Prado.

Kaori : ¡Hombre! ¡Las pinturas negras resultaron gratuitas!

🅔 ちょっと ひとこと

ゴヤ（Francisco José de Goya y Lucientes）は 1746 年に生まれました。ローマで絵の修業をした後、40 歳のときに宮廷画家になります。46 歳で聴力を失っても、絵を描き続けます。ゴヤはフランスで亡くなりますが、その後、遺体はスペインに戻され、今はマドリードにある、通称「ゴヤのパンテオン」という礼拝堂に安置されています。この礼拝堂の天井には『聖アントニオの奇跡』という素晴らしいフレスコ画が描かれていますが、これはゴヤの作品です。

Lección 18

16世紀のスペインへ：4人の少年の長い旅

Un viaje de cuatro chicos a España en el siglo XVI

1582年2月20日、13才と14才の少年たちがスペインとローマを目指して長崎を出港しました。本能寺の変が起こって織田信長が倒れたのは同じ年の6月のことです。キリスト教にまだ寛容な時代だったので、九州にはキリシタン大名が存在しました。大友宗麟、有馬晴信、大村純忠の3大名は、この4人の少年たちをローマ法王のもとに派遣したのです。少年たちは、船でまずマカオに向かい、次にマラッカ海峡を通り、インドのゴアに寄港します。それからアフリカの喜望峰を回って、セントヘレナ島で休息し、ポルトガルのリスボンに到着したのです。実に2年半かかった旅でした。彼らはそこからトレドを経てマドリードに向かい、スペイン国王フェリペ2世に拝謁します。さらに、アルカラ・デ・エナレスでは大学の学長から歓迎を受けます。アリカンテからマジョルカ島に寄って、一行は無事ローマに着きます。当時のローマ法王グレゴリオ13世に謁見しますが、この法王は数週間後に逝去します。少年たちは新しい教皇シクストゥス5世の戴冠式にも参列しました。こうして、一行は帰国の途に就くのですが、日本では豊臣秀吉が天下を統一していました。やがて、日本は鎖国への道をたどるのですが、その状況で少年たちのヨーロッパでの見聞は広まることなく、彼ら自身も国外追放や殉教などの不幸に見舞われます。この使節は天正時代に行われたので、「天正遣欧少年使節」と呼びます。

Cuatro jóvenes de 13 o 14 años partieron del puerto de Nagasaki el día 20 de febrero de 1582. En el mismo año, Oda Nobunaga, que iba a dominar todo el país, murió en Kioto y Toyotomi Hideyoshi empezó a conseguir poder. Los chicos, que enviaron al Pontífice Romano los señores feudales católicos de Kyushu, llegaron primero al puerto de Macao. Luego pasaron por el estrecho de Malaca, llegaron a Goa en India, doblaron el cabo de Buena Esperanza, descansaron en la Isla Santa Helena y llegaron al puerto de Lisboa el 10 de agosto de 1584. Fueron dos años y medio de navegación. Desde la capital de Portugal, se dirigieron a Madrid, en donde fueron recibidos en audiencia por Felipe II, rey de España. Después de una estancia en Madrid, pasaron por Alcalá de Henares y allí les dio la bienvenida el Rector de la Universidad, que era muy famosa por sus actividades académicas. Pasando por Alicante, Isla de Mallorca, Livorno y Florencia, llegaron a Roma. En el Vaticano fueron recibidos en audiencia por el Pontífice Gregorio XIII y después de su fallecimiento por el nuevo Pontífice. Así terminaron todos los eventos planeados y regresaron por la misma ruta a Japón. A la vuelta, su patria había sido unificada por Hideyoshi, que prohibió la llegada de los cristianos europeos, y más tarde todos los puertos estuvieron cerrados frente a los extranjeros. La experiencia y los conocimientos que ellos consiguieron en Europa no sirvieron para nada y hubo que esperar unos 400 años para que los lazos de intercambio entre Japón y España se hicieran realidad.

✳ ✳ ✳ ✳ ✳

Elena : ¿Cuánto tiempo tardaste en llegar a España?

Kaori : Pues, como no hay vuelo directo entre Japón y España, hay que esperar en algún aeropuerto europeo. Así que tardé 14 o 15 horas en total.

Luis : Se tarda mucho tiempo.

Kaori : Pero he oído decir que hace 30 o 40 años se tardaba más de 30 horas porque había que pasar por varios aeropuertos y esperar mucho en ellos.

Elena : Es casi increíble. Ha mejorado mucho la situación actualmente.

Kaori : ¿Sabes algo de este hecho histórico? Hace 400 años cuatro jóvenes japoneses de 14 años fueron en barco a España acompañados por un misionero italiano que había venido a Japón.

Elena : Hace 400 años. No tengo ni idea a qué etapa histórica corresponde eso en España.

Kaori : El rey español Felipe II dio audiencia a esos chicos.

Luis : ¿Cuánto tiempo tardaron en llegar a España?

Kaori : Partieron de Japón, pasaron por Macao, Malaca, Goa, doblaron el cabo de Buena Esperanza de África y llegaron a Lisboa. Tardaron dos años y medio.

Elena : ¡Madre mía! Dos años y medio en barco. Sí, claro, no existía el canal de Suez.

Kaori : Por supuesto que no. La construcción del canal se hizo en el siglo XIX.

Luis : ¿El propósito de esos jóvenes era ver al rey español?

Kaori : No. Los enviaron al Papa los señores feudales que eran cristianos. Deseaban que los enviados jóvenes experimentaran el mundo cristiano y luego con su experiencia trabajasen para la evangelización de la fe cristiana en Japón.

Elena : ¿Volvieron a su país sanos y salvos y consiguieron su propósito?

Kaori : Sí y no. Llegaron sanos y salvos, pero el gobierno del Shogun anunció al público una orden de cerrar todos los puertos japoneses frente a los países extranjeros.

Luis : Pero, ¿por qué lo hizo?

Kaori : El gobierno japonés de aquel tiempo pensó que el cristianismo era peligroso para conservar su régimen feudal.

Luis : Si Japón no hubiera estado aislado, los conocimientos que consiguieron esos chicos en Europa habrían servido para el desarrollo del país.

Elena : ¡Menos mal que en la actualidad podemos vivir y viajar con libertad!

ちょっと ひとこと

天正遣欧少年使節となった少年たちは、それぞれ洗礼名を持っていました。正史として伊東マンショ、千々石(ちぢわ)ミゲル、副使として中浦ジュリアン、原マルチノの４名でした。長旅の後、ようやくポルトガルに着いた一行は、リスボン、マドリードを経て、イタリアのリヴォルノ港に到着し、ピサにあるトスカーナ大公の宮殿に宿泊します。その夜、歓迎舞踏会が宮殿で催され、伊東マンショがトスカーナ大公妃ビアンカ・カッペッロと踊ったとの記録が残されています。

応用練習問題

第 1 課
A. 〔　〕の語に従って、動詞を直説法現在に正しく活用させなさい。
1. (buscar) _____ piso. [ellos]
2. (venir) _____ aquí a dar una charla. [ese novelista]
3. (ir) _____ a descansar un poco. [nosotros]
4. ¿(ver) _____ aquel edificio alto? [Uds.]
5. ¿Te (dar) _____ un bolígrafo y un papel? [yo]

B. 次の文をスペイン語にしなさい。
1. 私たちはモニカを知っていますが、彼女のメールアドレスは知りません。
2. 私はいつも夜はテレビを見ます。
3. この子はお腹が空いています。
4. 君は大学には地下鉄で行くのですか。
5. 私は今晩試験のために勉強をしなければなりません。

第 2 課
A. 〔　〕の語に従って、動詞を直説法現在に正しく活用させなさい。
1. (poder) _____ hablar varios idiomas. [ellos]
2. (contar) _____ el dinero. [los banqueros]
3. (sentir) _____ mucho molestarle. [nosotros]
4. ¿(empezar) _____ ya? [las clases]
5. ¿(morir) _____ en esa película? [el protagonista]

B. 次の文をスペイン語にしなさい。
1. 彼女はスペインではたくさんのものを見たがっています。
2. 私はヨーロッパに行きたい。
3. このビルはいつ完成するのでしょうか。

4. トレドはスペインのどこにあるのでしょうか。

5. 彼女は今晩のパーティには来ることができません。

第3課
A. 指示に従って、（　）に適切な目的格人称代名詞を入れなさい。
1. Ella（そのことを　　　　　）comprende bastante.

2. Nosotros（君を　　　　　　）llevaremos a un lugar turístico interesante.

3. ¿（彼女に　それを　　　　　）dices de veras?

4. ¿（彼に　それらを　　　　　）dan Uds. gratuitamente?

5. ¿（私に　それを　　　　　）envías en seguida?

B. 次の文をスペイン語にしなさい。
1. マリアは音楽が好きです。

2. 私たちは貧しい子供たちを助けるその人々に感動します。

3. バスを待っているその女の子はテレサです。

4. 彼が持っている新しいパソコンは、すごく速い。

5. 彼にそのことを言いましょうか。

第4課
A. ［　］の語に従って、動詞を直説法点過去に正しく活用させなさい。
1. (huir) ＿＿＿＿＿＿＿＿＿ del cine porque hubo un incendio. [ellos]

2. (saber) ＿＿＿＿＿＿＿＿＿ esa noticia anoche. [nosotros]

3. (levantarse) ＿＿＿＿＿＿＿＿＿ muy tarde el domingo pasado. [ella]

4. (lavarse) ＿＿＿＿＿＿＿＿＿ las manos antes de comer. [yo]

5. ¿(ir) ＿＿＿＿＿＿＿＿＿ a Aranjuez en el viaje? [Uds.]

B. 次の文をスペイン語にしなさい。
1. 私はいつも早く寝ます。

2. 彼らは先週その山に登った。

3. 私たちは昨日京都に行きました。

4. 彼女は昨日彼とその公園を散歩しました。

5. 私は昨夜 11 時頃に横になりました。

第 5 課
A. 動詞を直説法点過去か現在完了にして、正しく活用させなさい。
1. Ellos (ver) _____ esa película ayer.

2. Ella (volver) _____ al hotel ahora.

3. Alfonso (dormir) _____ de día muchas horas ayer.

4. Celia (ser) _____ amable conmigo hasta ahora.

5. Él (traer) _____ aquí la revista hace media hora.

B. 次の文をスペイン語にしなさい。
1. 彼らは今到着しました。

2. 昨日とても遅く彼らはホテルに到着しました。

3. 彼は今まで私たちにとても親切にしてくれました。

4. 私は今その本を読み終わりました。

5. 彼女は先週それを私に言いました。

第 6 課
A. 動詞を直説法線過去か点過去にして、正しく活用させなさい。
1. Ayer (llover) _____ mucho por aquí.

2. (llover) _____ mucho cuando llegó el tren.

3. Yo (ir) _____ a la universidad casi siempre en moto.

4. Ellos (ir) _____ a la universidad el sábado.

5. ¿Ella (vivir) _____ en España más de 30 años?

B. 次の文をスペイン語にしなさい。
1. 私は学生だった頃、いつもこの喫茶店に来たものでした。

2. 私は飛行機でバルセロナに行きました。

3. 私たちがパリに着いた時、雨が降っていました。

4. 公園を散歩していた時、彼に会いました。

5. 彼は若かった時、銀行で働いていました。

第 7 課

A. 動詞を直説法過去完了に正しく活用させなさい。
1. Yo creía que ya (salir) _____ el autobús.
2. Me dijo que (estar) _____ en París tres veces.
3. Me preguntó si (ver) _____ un paisaje tan bonito.
4. Cuando llegué, ya (empezar) _____ la película.
5. Me dijeron que lo (saber) _____ ayer.

B. 次の文をスペイン語にしなさい。
1. 彼が駅に着いた時、マドリード行の電車は出たところでした。

2. 彼女は私にスペインには行ったことがないと言いました。

3. 私は彼に新しいパソコンを買ったのかどうか尋ねました。

4. 私は彼らがもうその本を読んだと思っていました。

5. 彼らは仕事が終わったと私に言いました。

第 8 課

A. 動詞を直説法過去未来に正しく活用させなさい。
1. Me dijo que no (poder) _____ terminarlo.
2. Me dijeron que (ir) _____ a Europa algún día.
3. Yo creía que me (ayudar) _____ él en este trabajo.
4. Ellos pensaban que eso (ser) _____ difícil de realizar.
5. ¿Te dijeron que (volver) _____ aquí pronto?

B. 次の文をスペイン語にしなさい。
1. 彼は私にいつかまたここに戻ってくるだろうと言いました。

2. 彼らは私にリスボンには車で行くと言いました。

3. そのことは簡単だろうと私は思っていました。

4. 私たちは彼にはそんなことはできないだろうと思っていました。

5. 飛行機はもうすぐバルセロナに着くだろうと彼は私たちに言いました。

第 9 課

A. 動詞を tú を主語にする命令法にしなさい。
1. María, (venir) _____ aquí pronto.

2. Fernando, (irse) _____ de aquí.

3. Concha, (comer) _____ más.

4. Vicente, (contar) _____ lo de ayer.

5. María José, (hacer) _____ lo que tienes que hacer.

B. 次の文をスペイン語にしなさい。
1. ビセンテ、ここに来て。

2. コンチャ、ここに座ってください。

3. マリア、もう少し大きい声で話してよ。

4. フェルナンド、もっと働きなさい。

5. ルイサ、ここからすぐに出ていって。

第 10 課

A. 〔　〕の語を主語にして、動詞を接続法現在に正しく活用させなさい。
1. (cantar) _____ una canción española, por favor. [Ud.]

2. (contar) _____ lo del viaje. [Uds.]

3. (pedir) _____ vino tinto. [nosotros]

4. (pensar) _____ un poco más en este proyecto. [Ud.]

5. (jugar) _____ al fútbol por la tarde. [nosotros]

B. 次の文をスペイン語にしなさい。
1. あなた、ここにお座りください。

2. あなた方、スペイン語で話してください。

3. あなた、ここではお好きなことをしてください。

4. あなた方、ここでゆっくりと休んでください。

5. あなた、ここにあなたの住所を書いてください。

第 11 課
A. （ ）の動詞を適切に活用させて、命令文にしなさい。
1. Olalla, (descansar) _____ un poco.

2. Sr. García, (ir) _____ a la sección C.

3. Alejandro, no (hablar) _____ tan alto.

4. Sra. Pérez, (ponerse) _____ cómoda.

5. Mónica, no (llorar) _____, por favor.

B. 次の文をスペイン語にしなさい。
1. イサベル、そんなに飲んではいけない。

2. ペレスさん、落ち着いてください。

3. モニカ、ここで携帯を使ってはいけない。

4. ガルシアさん、ここで煙草を吸ってはいけません。

5. ラウラ、今晩、電話をしてね。

第 12 課
A. ［ ］の語を主語にして、動詞を接続法現在に正しく活用させなさい。
1. Quiere que (visitar) _____ varias ciudades de Europa. [él]

2. Os pido que (trabajar) _____ un poco más. [vosotros]

3. Me alegro mucho de que (estar) _____ mejor. [mi madre]

4. Es posible que lo (completar) _____ pronto. [ellos]

5. Siento mucho que no (encontrarse) _____ bien. [ella]

B. 次の文をスペイン語にしなさい。
1. 彼にここに来てもらいたい。

2. あなた方は私にこのテーマについて話してほしいのですか。

3. 君が元気になって嬉しいよ。

4. 今夜は雨が降るかもしれない。

5. 医者は私に煙草は吸うなと言っている。

第 13 課
A. 動詞を接続法現在か直説法現在にして、正しく活用させなさい。
1. Aquí no hay nadie que me (entender) _____ bien.

2. Tengo muchos amigos que me (comprender) _____ bien.

3. No tengo amigos que (hablar) _____ portugués.

4. Quiero vivir en algún país donde no (hacer) _____ frío.

5. Hay muchos turistas que (querer) _____ ir a Machu Picchu.

B. 次の文をスペイン語にしなさい。
1. 私にはアラビア語を理解できる友人はいない。

2. その政策を支持する人は多くいません。

3. その会社ではスペイン語を話す秘書を一人募集しています。

4. この大学ではポルトガルに行く人は多くありません。

5. 日本では電車の中で携帯で話す人はあまりいません。

第 14 課
A. [ ]の語を主語にして、動詞を接続法過去に正しく活用させなさい。
1. Querían que (visitar) _____ Toledo por lo menos. [yo]

2. Le pedí que (trabajar) _____ un poco más. [él]

3. Me alegré mucho de que (estar) _____ mejor. [su padre]

4. Era posible que lo (terminar) _____ pronto. [ellos]

5. Sentí mucho que no lo (pasar) _____ bien. [ella]

B. 次の文をスペイン語にしなさい。
1. 彼にはこのパーティに来てほしかった。

2. 君にはこのことについてもっと話してほしかった。

3. 彼女が元気になってとても嬉しかった。

4. その日は雨が降るかもしれなかった。

5. 去年、医者には煙草を吸うなと言われた。

第 15 課

A. 〔 〕の語を主語にして、動詞を接続法過去完了に正しく活用させなさい。
1. No me dijo que (visitar) _____ Toledo. [él]

2. No me dijeron que (trabajar) _____ mucho. [ellos]

3. No creía que (recuperarse) _____ tanto. [él]

4. No creíamos que lo (terminar) _____ . [ellos]

5. Sentía mucho que le (molestar) _____ . [ella]

第 16 課

A. （ ）の動詞を接続法過去または接続法過去完了にして非現実的条件文を完成させなさい。
1. Si me (tocar) _____ la lotería, habría comprado esa casa.

2. Si yo (tener) _____ más dinero, iría a Marruecos.

3. Si tú no (coger) _____ un taxi, no habrías llegado a tiempo.

4. Si yo no (estar) _____ resfriado, podría ir a la fiesta.

5. Si ella (ser) _____ mi profesora, sería más fácil el examen.

基本語彙：形容詞

alegre	楽しい	grande	大きい
alto	背が高い	guapo	（人が）美しい
amarillo	黄色い	hermoso	美しい
amplio	広い	importante	重要な
azul	青い	interesante	興味深い
bajo	背が低い	joven	若い
barato	安い	largo	長い
blanco	白い	lejano	遠い
blando	やわらかい	libre	自由な、暇な
bonito	かわいい	ligero	軽い
bueno	良い	malo	悪い
caro	高い（値段の）	maravilloso	すばらしい
cercano	近い	mucho	たくさんの
claro	明るい	necesario	必要な
cómodo	快適な	negro	黒い
contento	満足した、うれしい	nuevo	新しい
corto	短い	ocupado	忙しい
débil	弱い	oscuro	暗い
delgado	やせた	pequeño	小さい
difícil	難しい	pesado	重い
duro	かたい	pobre	貧乏な
enfermo	病気の	rico	金持ちの
espectacular	壮観な	rojo	赤い
estrecho	狭い	sano	健康な
estupendo	すてきな	satisfecho	満足した
fácil	簡単な	simpático	感じがいい
fascinante	魅惑的な	triste	悲しい
feo	醜い	verde	緑の
fuerte	強い	viejo	古い、年老いた
gordo	太った	vistoso	派手な

基本語彙：副詞（句）

aquí	ここに	pronto	すぐに
ahí	そこに	en seguida	ただちに
allí	あそこに	de prisa	急いで
ahora	今	por la mañana	朝に、午前中に
hoy	今日	por la tarde	午後に
actualmente	現在	por la noche	夜に
esta semana	今週		
este mes	今月	todos los días	毎日
este año	今年	todas las mañanas	毎朝
		todas las noches	毎晩
ayer	昨日	todas las semanas	毎週
la semana pasada	先週		
el mes pasado	先月	temprano	早く（時間的に）
el año pasado	去年	una vez	一度
		siempre	いつも
mañana	明日	a veces	時々
la próxima semana	来週	muchas veces	何度も
la semana próxima	来週	con frecuencia	しばしば
la semana que viene	来週	a menudo	たびたび
el próximo mes	来月	cuanto antes	出来るだけ早く
el mes próximo	来月		
el mes que viene	来月		
el año próximo	来年		
el año que viene	来年		

基本語彙：動詞

abrir	開ける	llegar	着く
aparecer	現れる	llevar	運ぶ
aprender	学ぶ	llover	雨が降る
arreglar	整頓する	mandar	命令する
ayudar	助ける	mirar	見る
bailar	踊る	morir	死ぬ
beber	飲む	nevar	雪が降る
buscar	探す	olvidar	忘れる
caer	落ちる	oír	聞く
cantar	歌う	pagar	払う
cerrar	閉める	pasear	散歩する
comer	食べる	pedir	頼む
comprar	買う	pensar	考える
comprender	理解する	poder	〜することができる
conducir	運転する	poner	置く
conocer	知る	preferir	より好む
correr	走る	querer	欲しい、〜したい
contar	話す、数える	recordar	思い出す
creer	〜と思う	repetir	繰り返す
cubrir	おおう	regresar	戻る
dar	与える	sacar	引き出す
decir	言う	salir	出る
desear	望む	seguir	続く
devolver	返却する	sentir	感じる、残念に思う
dormir	眠る	servir	役に立つ
empezar	始まる	subir	上る
encontrar	見つける	tener	持つ
entender	理解する	terminar	終わる
entrar	入る	tomar	取る
escribir	書く	traer	持ってくる
escuchar	聞く	trabajar	働く
estudiar	勉強する	usar	使う
gustar	気に入る（好きだ）	utilizar	利用する
hablar	話す	ver	見る、見える
hacer	する、作る	venir	来る
ir	行く	vender	売る
jugar	遊ぶ	viajar	旅行する
lavar	洗う	visitar	訪ねる
leer	読む	vivir	住む
limpiar	掃除する	volar	飛ぶ
llamar	呼ぶ、電話する	volver	戻る

基本語彙：再帰動詞

acordarse (de)	～を覚えている
acostarse	横になる、寝る
acostumbrarse a	～をするのが習慣になる
apellidarse	姓が～である
arrepentirse (de)	～を後悔する
burlarse (de)	～をからかう
casarse con	～と結婚する
levantarse	起きる、立ち上がる
llamarse	（名前が）～である
olvidarse (de)	～を忘れる
ponerse	（衣服などを）着る、身につける、～になる
quitarse	（衣服などを）脱ぐ
quejarse (de)	～を嘆く
sentarse	座る

動詞の活用表

（4 の andar 以降はアルファベット順）

原形 現在分詞 過去分詞	直説法 現在	直説法 点過去	直説法 線過去	直説法 未来	接続法 現在
1 **hablar** 話す hablando hablado	hablo hablas habla hablamos habláis hablan	hablé hablaste habló hablamos hablasteis hablaron	hablaba hablabas hablaba hablábamos hablabais hablaban	hablaré hablarás hablará hablaremos hablaréis hablarán	hable hables hable hablemos habléis hablen
2 **comer** 食べる comiendo comido	como comes come comemos coméis comen	comí comiste comió comimos comisteis comieron	comía comías comía comíamos comíais comían	comeré comerás comerá comeremos comeréis comerán	coma comas coma comamos comáis coman
3 **vivir** 住む viviendo vivido	vivo vives vive vivimos vivís viven	viví viviste vivió vivimos vivisteis vivieron	vivía vivías vivía vivíamos vivíais vivían	viviré vivirás vivirá viviremos viviréis vivirán	viva vivas viva vivamos viváis vivan
4 **andar** 歩く andando andado	ando andas anda andamos andáis andan	anduve anduviste anduvo anduvimos anduvisteis anduvieron	andaba andabas andaba andábamos andabais andaban	andaré andarás andará andaremos andaréis andarán	ande andes ande andemos andéis anden
5 **buscar** 探す buscando buscado	busco buscas busca buscamos buscáis buscan	busqué buscaste buscó buscamos buscasteis buscaron	buscaba buscabas buscaba buscábamos buscabais buscaban	buscaré buscarás buscará buscaremos buscaréis buscarán	busque busques busque busquemos busquéis busquen
6 **caer** 落ちる cayendo caído	caigo caes cae caemos caéis caen	caí caíste cayó caímos caísteis cayeron	caía caías caía caíamos caíais caían	caeré caerás caerá caeremos caeréis caerán	caiga caigas caiga caigamos caigáis caigan
7 **conducir** 運転する conduciendo conducido	conduzco conduces conduce conducimos conducís conducen	conduje condujiste condujo condujimos condujisteis condujeron	conducía conducías conducía conducíamos conducíais conducían	conduciré conducirás conducirá conduciremos conduciréis conducirán	conduzca conduzcas conduzca conduzcamos conduzcáis conduzcan

完了形（現在完了・過去完了・未来完了など）は「**haber**＋過去分詞」で作られる。

原形 現在分詞 過去分詞	直説法 現在	直説法 点過去	直説法 線過去	直説法 未来	接続法 現在
8 **conocer** 知る conociendo conocido	conozco conoces conoce conocemos conocéis conocen	conocí conociste conoció conocimos conocisteis conocieron	conocía conocías conocía conocíamos conocíais conocían	conoceré conocerás conocerá conoceremos conoceréis conocerán	conozca conozcas conozca conozcamos conozcáis conozcan
9 **creer** 思う／信じる creyendo creído	creo crees cree creemos creéis creen	creí creíste creyó creímos creísteis creyeron	creía creías creía creíamos creíais creían	creeré creerás creerá creeremos creeréis creerán	crea creas crea creamos creáis crean
10 **dar** 与える dando dado	doy das da damos dais dan	di diste dio dimos disteis dieron	daba dabas daba dábamos dabais daban	daré darás dará daremos daréis darán	dé des dé demos deis den
11 **decir** 言う diciendo dicho	digo dices dice decimos decís dicen	dije dijiste dijo dijimos dijisteis dijeron	decía decías decía decíamos decíais decían	diré dirás dirá diremos diréis dirán	diga digas diga digamos digáis digan
12 **dormir** 眠る durmiendo dormido	duermo duermes duerme dormimos dormís duermen	dormí dormiste durmió dormimos dormisteis durmieron	dormía dormías dormía dormíamos dormíais dormían	dormiré dormirás dormirá dormiremos dormiréis dormirán	duerma duermas duerma durmamos durmáis duerman
13 **empezar** 始まる empezando empezado	empiezo empiezas empieza empezamos empezáis empiezan	empecé empezaste empezó empezamos empezasteis empezaron	empezaba empezabas empezaba empezábamos empezabais empezaban	empezaré empezarás empezará empezaremos empezaréis empezarán	empiece empieces empiece empecemos empecéis empiecen
14 **estar** いる／ある estando estado	estoy estás está estamos estáis están	estuve estuviste estuvo estuvimos estuvisteis estuvieron	estaba estabas estaba estábamos estabais estaban	estaré estarás estará estaremos estaréis estarán	esté estés esté estemos estéis estén

完了形（現在完了・過去完了・未来完了など）は「**haber**＋過去分詞」で作られる。

原形 現在分詞 過去分詞	直説法 現在	直説法 点過去	直説法 線過去	直説法 未来	接続法 現在
15 **haber** [完了形を作る] ／…がある habiendo habido	he has ha / hay hemos habéis han	hube hubiste hubo hubimos hubisteis hubieron	había habías había habíamos habíais habían	habré habrás habrá habremos habréis habrán	haya hayas haya hayamos hayáis hayan
16 **hacer** する／作る haciendo hecho	hago haces hace hacemos hacéis hacen	hice hiciste hizo hicimos hicisteis hicieron	hacía hacías hacía hacíamos hacíais hacían	haré harás hará haremos haréis harán	haga hagas haga hagamos hagáis hagan
17 **ir** 行く yendo ido	voy vas va vamos vais van	fui fuiste fue fuimos fuisteis fueron	iba ibas iba íbamos ibais iban	iré irás irá iremos iréis irán	vaya vayas vaya vayamos vayáis vayan
18 **jugar** 遊ぶ jugando jugado	juego juegas juega jugamos jugáis juegan	jugué jugaste jugó jugamos jugasteis jugaron	jugaba jugabas jugaba jugábamos jugabais jugaban	jugaré jugarás jugará jugaremos jugaréis jugarán	juegue juegues juegue juguemos juguéis jueguen
19 **leer** 読む leyendo leído	leo lees lee leemos leéis leen	leí leíste leyó leímos leísteis leyeron	leía leías leía leíamos leíais lcían	leeré leerás leerá leeremos leeréis leerán	lea leas lea leamos leáis lean
20 **oír** 聞く oyendo oído	oigo oyes oye oímos oís oyen	oí oíste oyó oímos oísteis oyeron	oía oías oía oíamos oíais oían	oiré oirás oirá oiremos oiréis oirán	oiga oigas oiga oigamos oigáis oigan
21 **pedir** 頼む pidiendo pedido	pido pides pide pedimos pedís piden	pedí pediste pidió pedimos pedisteis pidieron	pedía pedías pedía pedíamos pedíais pedían	pediré pedirás pedirá pediremos pediréis pedirán	pida pidas pida pidamos pidáis pidan

完了形（現在完了・過去完了・未来完了など）は「**haber**＋過去分詞」で作られる。

原形 現在分詞 過去分詞	直説法 現在	直説法 点過去	直説法 線過去	直説法 未来	接続法 現在
22 **pensar** 考える pensando pensado	pienso piensas piensa pensamos pensáis piensan	pensé pensaste pensó pensamos pensasteis pensaron	pensaba pensabas pensaba pensábamos pensabais pensaban	pensaré pensarás pensará pensaremos pensaréis pensarán	piense pienses piense pensemos penséis piensen
23 **poder** 〜できる pudiendo podido	puedo puedes puede podemos podéis pueden	pude pudiste pudo pudimos pudisteis pudieron	podía podías podía podíamos podíais podían	podré podrás podrá podremos podréis podrán	pueda puedas pueda podamos podáis puedan
24 **poner** 置く poniendo puesto	pongo pones pone ponemos ponéis ponen	puse pusiste puso pusimos pusisteis pusieron	ponía ponías ponía poníamos poníais ponían	pondré pondrás pondrá pondremos pondréis pondrán	ponga pongas ponga pongamos pongáis pongan
25 **querer** …が欲しい／ …がしたい queriendo querido	quiero quieres quiere queremos queréis quieren	quise quisiste quiso quisimos quisisteis quisieron	quería querías quería queríamos queríais querían	querré querrás querrá querremos querréis querrán	quiera quieras quiera queramos queráis quieran
26 **repetir** 繰り返す repitiendo repetido	repito repites repite repetimos repetís repiten	repetí repetiste repitió repetimos repetisteis repitieron	repetía repetías repetía repetíamos repetíais repetían	repetiré repetirás repetirá repetiremos repetiréis repetirán	repita repitas repita repitamos repitáis repitan
27 **saber** 知る sabiendo sabido	sé sabes sabe sabemos sabéis saben	supe supiste supo supimos supisteis supieron	sabía sabías sabía sabíamos sabíais sabían	sabré sabrás sabrá sabremos sabréis sabrán	sepa sepas sepa sepamos sepáis sepan
28 **salir** 出る saliendo salido	salgo sales sale salimos salís salen	salí saliste salió salimos salisteis salieron	salía salías salía salíamos salíais salían	saldré saldrás saldrá saldremos saldréis saldrán	salga salgas salga salgamos salgáis salgan

完了形（現在完了・過去完了・未来完了など）は「**haber**＋過去分詞」で作られる。

原形 現在分詞 過去分詞	直説法 現在	直説法 点過去	直説法 線過去	直説法 未来	接続法 現在
29 **sentir** 感じる sintiendo sentido	siento sientes siente sentimos sentís sienten	sentí sentiste sintió sentimos sentisteis sintieron	sentía sentías sentía sentíamos sentíais sentían	sentiré sentirás sentirá sentiremos sentiréis sentirán	sienta sientas sienta sintamos sintáis sientan
30 **ser** …である siendo sido	soy eres es somos sois son	fui fuiste fue fuimos fuisteis fueron	era eras era éramos erais eran	seré serás será seremos seréis serán	sea seas sea seamos seáis sean
31 **tener** 持つ teniendo tenido	tengo tienes tiene tenemos tenéis tienen	tuve tuviste tuvo tuvimos tuvisteis tuvieron	tenía tenías tenía teníamos teníais tenían	tendré tendrás tendrá tendremos tendréis tendrán	tenga tengas tenga tengamos tengáis tengan
32 **traer** 持ってくる trayendo traído	traigo traes trae traemos traéis traen	traje trajiste trajo trajimos trajisteis trajeron	traía traías traía traíamos traíais traían	traeré traerás traerá traeremos traeréis traerán	traiga traigas traiga traigamos traigáis traigan
33 **venir** 来る viniendo venido	vengo vienes viene venimos venís vienen	vine viniste vino vinimos vinisteis vinieron	venía venías venía veníamos veníais venían	vendré vendrás vendrá vendremos vendréis vendrán	venga vengas venga vengamos vengáis vengan
34 **ver** 見る viendo visto	veo ves ve vemos veis ven	vi viste vio vimos visteis vieron	veía veías veía veíamos veíais veían	veré verás verá veremos veréis verán	vea veas vea veamos veáis vean
35 **volver** 戻る volviendo vuelto	vuelvo vuelves vuelve volvemos volvéis vuelven	volví volviste volvió volvimos volvisteis volvieron	volvía volvías volvía volvíamos volvíais volvían	volveré volverás volverá volveremos volveréis volverán	vuelva vuelvas vuelva volvamos volváis vuelvan

完了形（現在完了・過去完了・未来完了など）は「**haber**＋過去分詞」で作られる。

著者紹介

西川 喬（にしかわ　たかし）
Takashi Nishikawa

　　神戸市外国語大学修士課程修了
　　マドリード大学言語学博士
　　神戸市外国語大学名誉教授

基礎から学ぼう！スペイン語
中級

| 検印省略 | © 2015 年 1 月 30 日　初 版 発行
2023 年 2 月 15 日　第 2 刷発行
2025 年 1 月 30 日　第 2 版発行 |

著　者　　　　西　川　　喬

発行者　　　　原　　雅　久
発行所　　　株式会社　朝　日　出　版　社
　　　　　101-0065　東京都千代田区西神田 3-3-5
　　　　　　　　　電話直通　(03)3239-0271/72
　　　　　　　　　振替口座　00140-2-46008
　　　　　　　　　https://www.asahipress.com/

組　版　　有限会社ファースト
印　刷　　図書印刷株式会社

乱丁、落丁本はお取り替えいたします。
ISBN978-4-255-55164-7　C1087

本書の一部あるいは全部を無断で複写複製（撮影・デジタル化を含む）及び転載することは、法律上で認められた場合を除き、禁じられています。

朝日出版社 スペイン語一般書籍のご案内

電子書籍

¡スペ単！ ―頻度で選んだスペイン語単語集（練習問題つき）―
GIDE（スペイン語教育研究会）語彙研究班 編

◆様々なスペイン語の初級学習書を分析・解析。
◆学習者が最も必要とする語彙を抽出、文法項目と関連付けて提示。
◆各項目ごとに理解と運用を助ける練習問題を配備。
◆文法項目と語彙グループを結び付けて紹介。
◆豊富な練習問題と読み物資料ページでしっかり楽しく学べる。
◆多角的に語彙を覚えられる意味別・品詞別語彙リスト、単語の意味もついた詳細なさくいんつき。
◆初めてスペイン語を学ぶ人から、指導する立場の人まで幅広く活用できる一冊。

文字検索機能が使えるおまけもご用意しております

●A5判　●本編13章＋読み物資料＋巻末語彙集＋さくいん　●各項練習問題つき　●のべ5200語
●264p　●2色刷　2420円（本体価格2200円＋税）（000371）

スペイン語 文法と実践 ―ゆっくり進み、確かに身につく― Español con paso firme
小林一宏・Elena Gallego Andrada 著

◆日本人教員とネイティヴ教員の緊密な協力から生まれた自然な語法。予習と復習のための矢印（→）による関連個所の提示。
◆解説内容に沿った多くの例文とこれの理解を援ける註。
◆適宜、英語との比較による理解の深化。
◆簡潔で適格な文法の解説。

●A5判　●33課　●320p　●2色刷
●音声データ付
3080円（本体価格2800円＋税）（000467）

※ アマゾンKindle、紀伊国屋書店Kinoppy、楽天Kobo、Booklive!、hontoなどの電子書籍店でご購入いただけます。
専用端末以外でも、お手持ちのスマートフォンやタブレット（iOS、Android）でお読みいただけます。

くらべて学ぶスペイン語 改訂版 ―入門者から「再」入門者まで―
福嶌教隆 著
スペイン語圏4億万人と話せる
DVD+CD付

◆スペインのスペイン語とラテンアメリカのスペイン語をくらべて、並行してどちらも学べます。
◆全くの初歩からスペイン語を学ぶ人（入門者）も、一通りの知識のある人（「再」入門者）も活用できるよう編集されています。
◆スペイン語圏各地のネイティブの吹込者によるCDや、スペインの美しい映像をおさめたDVD（スペイン語ナレーション付）が添付されています。
◆スペイン語を話すどの場所に行っても、この1冊で充分話し切れること間違いなしです！

●A5判　●15課　●144p　●さし絵多数　●DVD+CD付　●2色刷
2640円（本体価格2400円＋税）（000552）

とことんドリル！スペイン語 文法項目別
高橋覚二・伊藤ゆかり・古川亜矢 著

◆文法事項を確認しながら、一つずつ確実なステップアップ
◆全27章で、各章は3ページ【基礎】＋1ページ【レベルアップ】で構成
◆スペイン語技能検定試験4、5、6級の文法事項がチェックできる！
◆ふと頭に浮かぶような疑問も学習者の目線で丁寧に解説
◆復習問題でヒントを見ながら実力試せる
◆多様な話題のコラムも楽しい♪
◆スペイン語のことわざをイラストで紹介

●B5判　●27章＋解答例・解説　●200p　●2色刷
2530円（本体価格2300円＋税）（000747）

ゆっくり学ぶスペイン語
西川喬 著
CD付

◆本書はスペイン語を「ゆっくり学ぶ」ための本です。
◆初めて学ぶ人はもちろんのこと、基礎的な知識を整理したい人にも最適です。
◆各課文法別に段階的に進みます。やさしい文法要素から順を追って知識が増やせるように配置しています。
◆各課には「ちょっとレベルアップ」のページがあります。少し知識のある方は、ぜひこのページに挑戦してください。
◆各課の最後に練習問題があります。自分で解いて、巻末の解答で確かめましょう。
◆再挑戦の方向けに、31、32課で「冠詞」と「時制」を扱っています。ぜひ熟読してください。
◆それでは本書で、「ゆっくりと」スペイン語を楽しんで行きましょう。

●A5判　●32課　●264p　●さし絵多数　●2色刷　●CD付　3190円（本体価格2900円＋税）（001081）

（株）朝日出版社　〒101-0065　東京都千代田区西神田3-3-5
TEL:03-3263-3321　FAX:03-5226-9599　https://www.asahipress.com/